Machine Learning for Asset Managers

アセットマネージャーのための
ファイナンス機械学習

Marcos M. Lopez de Prado
マルコス・ロペス・デ・プラド［著］

鹿子木亨紀［訳］

一般社団法人金融財政事情研究会

訳者まえがき

本書は“Machine Learning for Asset Managers”（Cambridge University Press, 2020）の翻訳書である。ファイナンス機械学習の第一人者マルコス・ロペス・デ・プラド氏の2作目であり、氏の前著“Advances in Financial Machine Learning”（Wiley, 2018）（邦題『ファイナンス機械学習―金融市場分析を変える機械学習アルゴリズムの理論と実践』、以下AFML）の続編といえる。

全24章で幅広いトピックを扱ったAFMLにくらべ、本書は全8章とトピックを絞ってコンパクトにまとまっている。ご存知のように、ファイナンス機械学習の学術研究・実務応用はまだ始まったばかりであり、マルコスをはじめとした研究者が日々新たな手法の研究に励み、成果を発表している。本書にはAFMLで提案した手法をさらに改善・発展させるアイデアを提示する章も多い。ここではAFMLとの関連性をレビューしつつ、本書の各章の内容を概観してみよう。

第2章は共分散行列の推定におけるノイズ除去の話題である。共分散行列の推定は、地味ではあるが回帰分析やポートフォリオ構築など、資産運用の多くの局面にかかわる重要なトピックである。実務で広く利用されているシュリンケージ（縮退）法に対する改善として、本書は定残余固有値法、ターゲット・シュリンケージ法、デトーニングという新手法を提案している。興味のある読者は、Ledoit-Wolfが提案しているNonlinear Shrinkage法[1]など別の手法とも比較検討されたい。

第3章は情報理論に基づく距離測度の解説である。AFMLでは、金融データのエントロピーに基づいた特徴量を予測に用いるアイデアを紹介していた（第18章）。本章では、変数間の依存関係を表現する際の相関係数にかわる測度として、Mutual Informaion（相互情報量）およびVariation of Informationという情報理論に基づく測度を導入している。クラスタリング、決定木などの機械学習アルゴリズムで変数間の距離を評価する際にこれらの概念を用い

1　Ledoit, O. and Wolf, M.（2017）. Nonlinear shrinkagc of the covariance matrix for portfolio selection：Markowitz meets Goldilocks. Review of Financial Studies, 30（12）：4349-4388.

ることで、新たな示唆が得られるケースもあるだろう。

第４章では、k平均クラスタリングにおいて最適なクラスター数を決定するONCアルゴリズムを解説している。このONCアルゴリズムは、後に第６章で特徴量重要度分析、第７章でポートフォリオ構築に利用する。特徴量分析とポートフォリオ構築以外にも、証券分類、レジーム分析など運用プロセスのさまざまな段階でクラスタリングを活用する場面は存在するため、本手法の適用範囲は広いといえよう。

第５章は教師あり学習における訓練データのラベル付けについて、４種類のラベリング手法を解説している。４つのうち、固定時間ホライズン法、トリプルバリア法、メタラベリングの３つはAFML第３章でも解説されているが、本書ではトレンドスキャン法を新しく提案している。これらの手法のうちどれが最善というものではなく、ケースバイケースで使い分けをしていくのがよいだろう。

第６章は特徴量重要度分析である。本章ではAFML第８章で紹介したMDIとMDAによる分析手法を再び解説した後、両者を発展させたクラスターMDIとクラスターMDAという手法を解説している。機械学習モデルの解釈可能性は金融分野のみに限らず注目のトピックとなっている。本章で提案するような特徴量重要度分析手法を用いれば、ブラックボックスと考えられがちな機械学習モデルは従来の計量経済学モデルよりも透明性の高いモデルになりうる、というのが本書の主張である。

第７章のテーマはポートフォリオ最適化手法である。平均分散最適化におけるマーコウィッツ解の不安定性の問題はAFML第16章でも触れられていたが、本章ではさらに詳細な解説がされている。そして本章ではマーコウィッツ解の代替手法として、相関行列のクラスタリングに基づくNCOアルゴリズムを提案している。その検証に用いられている、異なる最適化手法の性能をモンテカルロシミュレーションによって比較する手法も有用である。

第８章はバックテストのオーバーフィッティング（過学習）を扱っている。微調整を繰り返しバックテストで高いパフォーマンスをあげた投資戦略がアウトオブサンプルの実運用ではまったく機能しない、というのは機械学習に基づいた投資戦略開発の最大の落とし穴といえるだろう。前著AFMLでも多くのページを割いて解説されていたトピックであるが、本章ではまずAFML第14章で紹介されたデフレ（Deflated）シャープレシオを、多重テストと非正規性を調整する手法として再び解説している。そして、多重テストに対処するもう１つの手法として、ファミリーワイズエラー率を用いたバックテスト統計値の解釈について解説している。

本書には各手法のpythonコードが紹介されており、実行してみると手法の理解の助けとなるであろう。このほかに、AFMLと本書で紹介された手法を実装しているpythonパッケージMlFinLabが公開されているので確認されたい（https://github.com/hudson-and-thames/mlfinlab）。

前著と同様であるが、本書を読み、文中のコードを実行するだけで利益をもたらす投資戦略を開発できるわけではない。予測に役立つ特徴量を発見し、適切なモデルを選択し、学習を行い、モデルの性能を評価するという投資戦略開発プロセスは、あくまで読者が自らのアイデアをもって取り組むものである。その際に、前著と同様に本書は多くのヒントを与えてくれるであろう。

2020年10月

鹿子木　亨紀

【著者について】

マルコス・ロペス・デ・プラド（Marcos M. López de Prado）氏はコーネル大学工学部の実務家教授（professor of practice）であり、True Positive Technologies（TPT）社のCIOである。ロペス・デ・プラド博士は機械学習アルゴリズムとスーパーコンピュータを用いた投資戦略の開発において20年以上の経験を有する。2019年、The Journal of Portfolio Management誌から“Quant of the Year Award”を受賞。詳細についてはwww.QuantResearch.orgを参照。

【訳者紹介】

鹿子木　亨紀（かのこぎ　みちのり）

ニッセイアセットマネジメント　チーフ・ポートフォリオ・マネジャー。外資系コンサルティングファーム、外資系資産運用会社を経て現職。東京大学工学部計数工学科卒、京都大学大学院工学研究科応用システム科学専攻修了（工学修士）、フランスINSEADにてMBA取得。CFA協会認定証券アナリスト。

目　次

第1章　はじめに

第2章　ノイズ除去

第3章 距離測度

第4章 最適クラスタリング

第5章 金融データのラベリング

第6章　特徴量の重要度分析

第7章　ポートフォリオ構築

第8章　テストデータのオーバーフィッティング

付　録

第1章

はじめに

1.1　はじめに

統計学は、他の数学分野以上に、その時代の産物であるといえる。フランシス・ガルトン、カール・ピアソン、ロナルド・フィッシャー、そしてイェルジー・ネイマンがコンピュータにアクセスできたならば、彼らはまったく別の分野を創造したかもしれない。古典的な統計学は単純化された仮定（線形性、独立性）、インサンプルの分析、解析解、漸近特性に依存しているが、その理由の１つは創設者たちの計算能力が限られていたためである。これらのレガシー手法の多くは大学の課程や専門家の認定プログラムで教えられ続けているが、今日ではクロスバリデーション、アンサンブル推定器、正則化、ブートストラップ、モンテカルロなどの計算手法のほうが実証的に優れた解を提供している。Efron and Hastie（2016, 53）の言葉を借りれば、

> パラメトリックモデルが伝統的に選好されてきた理由は一言でいえば「数学的扱いやすさ」である。計算尺と遅い機械的算術の世界では、数学的定式化が必然的に計算ツールとして選択される。現代の計算リッチな環境は、数学的ボトルネックを解消し、より現実的で柔軟性があり広範な統計的手法を提供してくれる。

ファイナンス分野においては、経済システムが古典的な統計ツールでは把握できないほど複雑であるため、こうしたレガシー手法に特別な難題を投げかけている（López de Prado 2019b）。その結果、機械学習（Machine Learning、ML）は金融においてますます重要な役割を果たしている。ほんの数年前までは、短期的な価格予測、取引執行、信用格付以外に機械学習の適用例を見つけることはまれであった。今日では、なんらかのかたちで機械学習が導入されていないユースケースを見つけることは困難である。より大きなデータセット、より高い計算能力、より効率的なアルゴリズムがファイナンス機械学習の黄金時代の幕開けをもたらすため、この傾向は変わりそうにない。機械学習革命は、ダイナミックなファームにとってはチャンスとなり、時代遅れの資産運用会社にとっては難題となる。この革命に抵抗する企業は、コダック社と同じ運命をたどることになるだろう。本書の目的の１つは、資産運用において、古典的な手法の欠点の多くを現代の統計ツールがど

のように解決するかを示すことである。

機械学習アルゴリズムの多くは、もともとクロスセクションのデータのために考案されたものである。このため、データの時系列特性のモデル化が不可欠な金融分野へは直接適用することがむずかしくなっている。筆者の前著であるAdvances in Financial Machine Learning（AFML；López de Prado 2018a）（邦題：ファイナンス機械学習）は、金融データの時系列特性を機械学習アルゴリズムでモデリングするという課題を、実務家かつ学者である筆者の視点から解説したものである。

本書はこれとは別の、よりよい金融理論を構築するためにどのように機械学習を利用できるのか、という課題に取り組んでいる。これは哲学的、修辞的な質問ではない。金融においてエッジを得ようとするとき、それは他のだれかの体系的なミスから利益を得ることによってのみ正当化できる[1]。そのエッジを説明する検証可能な理論がなければ、まったくエッジをもっていない可能性が高い。投資戦略のパフォーマンスのヒストリカルシミュレーション（バックテスト）は理論ではない。それは、決して起こらなかった過去の、おそらく非現実的なシミュレーションなのである（過去にその戦略を実行したわけではない――だからこそバックテストをしているのだ）。群衆の集合的な知恵に対抗して利益を出すことができる明確な因果関係のメカニズムを突き止めることができるのは、理論だけである。その理論は、事実のケースだけでなく反事実のケースを説明する（xならばy、そしてyでないならばxでない）、検証可能な理論であるべきである。資産運用会社は、取引ルールのバックテストではなく、理論のリサーチに力を注ぐべきである。機械学習は金融理論を構築するための強力なツールであり、本書の主な目的は、そのために必要となるテクニックを紹介することである。

1　これはファクター投資においても同様である。システマティックなミスは、行動バイアス、投資ホライズンのミスマッチ、リスク許容度、規制上の制約、および投資家の意思決定に影響を及ぼすその他の要因によって説明することができる。

1.2 理論こそが重要である

ブラックスワンとは、一般的に、これまでに観測されたことのない極端な出来事と定義される。以前ある人から「クオンツ投資戦略は役に立たない」といわれたことがある。困惑した筆者はその理由を尋ねた。彼は「未来はブラックスワンで埋め尽くされている。過去のデータセットにはみたこともないような出来事は含まれていないので、それを予測するために機械学習アルゴリズムを訓練することはできないからだ」と答えた。筆者は、実は多くの場合にブラックスワンは予測されていると反論した。

この一見矛盾する議論を、ある例を用いて説明しよう。2010年、筆者は米国の大手ヘッジファンドで高頻度先物の責任者をしていた。５月６日、筆者たちはいつものように流動性供給アルゴリズムを実行していたが、12：30（米国東部標準時）頃、アルゴリズムの多くが自動的にポジションを閉じはじめた。筆者たちはシステムに干渉したりオーバーライドしたりしなかったため、数分以内に市場でのエクスポージャーは非常に小さくなった。このようなシステムの挙動はそれまで一度も起きたことがなかった。筆者のチームはシステムが自動的にシャットダウンした原因についてフォレンジック分析を行っていたが、14：30頃、S&P 500が数分のうちに始値と比較して10％近く急落したのを目の当たりにした。その直後、システムは積極的な買いを開始し、終値までの５％の上昇から利益を得ることができた。メディアはこのブラックスワンを「フラッシュ・クラッシュ」と呼ぶことになった。

この事象は２つの点で驚きであった。第一に、開発者である筆者たちが予想していなかった出来事をシステムがどのように予測したのか理解できなかったこと。第二に、市場が底を打った直後になぜシステムが買いを始めたのか理解できなかったことである。

約５カ月後の公式調査によって、この暴落の原因は、E-mini S&P 500先物７万5,000本を高いパーティシペーション・レートで売るという１つの売り注文による可能性が高いことが判明した（CFTC 2010）。この大口の注文は、オーダーフローの不均衡を持続させ、マーケットメーカーが損失を出さずに在庫を反転させることが非常に困難になった。この有害なオーダーフローによってマーケットメーカーのストップアウト制限が発動し、マーケットメーカーは流動性の提供を停止した。マーケットメーカーは積極的な流動性のテイカーとなり、ビッド側に残る者がだれもいなくなり、市場は必然的に崩壊した（Easley et al. 2011）。

CNBCをみたりウォール・ストリート・ジャーナルを読んだりしても、フラッシュ・クラッシュを予測することはできなかった。多くの市場参加者にとって、フラッシュ・クラッシュはたしかに予測不可能なブラックスワンであった。しかし、フラッシュ・クラッシュの根本的な原因は非常に一般的なものだった。オーダーフローが完全に均衡していることはほとんどない。実際には、持続性のレベル（たとえば系列相関によって測定される）はさまざまだが、オーダーフローの不均衡は常態化している。筆者たちのシステムは、オーダーフローの不均衡が極端な状況ではポジションを減らすように訓練されていた。これによって、ブラックスワンの原因となった状況を回避するように訓練されていたのである。市場が崩壊すると、システムは10％のディスカウントで購入する投資機会がオーダーフローの不均衡の懸念を相殺してあまりあると判断し、大引けまでロングポジションを維持した。この経験は、本書で解説する次の２つの最も重要な教訓を示している。

1.2.1　教訓１：理論が必要である

世間一般にいわれていることに反し、バックテストは研究ツールではない。バックテストは、投資戦略が真の陽性であることを証明することはできず、投資戦略が偽陽性である証拠を提供するだけである。決してバックテストだけで投資戦略を開発してはならない。投資戦略はヒストリカルシミュレーションではなく理論によって裏付けられなければならない。その理論は十分に一般的なものでなければならず、たとえブラックスワンであっても特定のケースを説明できなければならない。ブラックホールの存在は、最初のブラックホールが観測される50年以上前から、一般相対性理論によって予測されていた。上記の例では、マーケット・マイクロストラクチャー理論（後にVPIN理論として知られるようになった。Easley et al. 2011bを参照）が、ブラックスワンの存在を予測し、そこから利益を得るのに役立ったのである。それだけでなく、筆者たちの理論的研究は、市場の反発にも貢献したのである（ある同僚は、筆者たちが「フラッシュ・クラッシュ」に「フラッシュ」を入れるのに貢献したと冗談をいっていた）。本書では、読者独自の理論を発見するために必要なツールを紹介する。

1.2.2　教訓2：機械学習は理論の発見に役立つ

新しい金融理論を発見するための次のようなアプローチを考えてみよう。まず、機械学習ツールを活用して、複雑な現象に関与している隠れた変数を発見する。これらの変数が、予測を成功させるために理論に組み込むべき構成要素となる。機械学習ツールはこれらの要素を特定するが、これらの要素を結びつける正確な方程式を直接教えてくれるわけではない。第二に、これらの構成要素を構造記述によって結びつける理論を定式化する。この構造記述とは、基本的には特定の因果関係のメカニズムを仮説化した連立方程式である。第三に、この理論を、第一段階の機械学習ツールで利用した観測値を超えて、広い範囲で検証する[2]。よい理論は、アウトオブサンプルの事象を予測することができる。さらにこうした理論は、正例（xならばy）だけでなく、負例（yが存在しないことはxが存在しないことに起因する）も説明することができる。

上記の発見プロセスにおいて、機械学習は、変数の探索とモデル仕様の探索をデカップリングするという重要な役割を果たしている。経済理論は、「真理値が未知の事実」（Romer 2016）や「一般的にインチキ」な仮定（Solow 2010）に基づいていると批判されることが多い。現代の金融システムの複雑さを考えると、研究者がデータの目視検査やいくつかの回帰分析を実行することで理論の構成要素を発見できるとは考えにくい。古典的な統計

2　理論は、バックテストよりも強力なツールを使って検証することができる。たとえば、フラッシュ・クラッシュでどのマーケットメーカーが損をしたかを調査することができる。彼らはオーダーフローの不均衡を監視していたか？　オーダーフローの不均衡を監視していたマーケットメーカーのほうが成績がよかったか？　その日のFIXメッセージのなかに、彼らがいち早く撤退した証拠を見つけることができるか？　取引ルールのヒストリカルシミュレーションでは、このようなレベルの洞察を得ることはできない。

手法では、このような２つの探索のデカップリングはできないのである。

理論が検証された後は、それは自立していくことになる。こうして、機械学習アルゴリズムではなく理論が予測を行うのである。前述の例では、自律的な機械学習アルゴリズムによるオンライン予測ではなく、理論がポジションを停止させたのである。予測は理論的に堅固なものであり、定義されないパターンに基づくものではなかったのである。たしかに機械学習技術の助けがなければ理論は発見できなかっただろうが、ひとたび理論が発見された後には、フラッシュ・クラッシュの２時間前にポジションをクローズするという決定に機械学習アルゴリズムは何の役割も果たしていない。このように、ファイナンスにおける機械学習の最も洞察力のある使い方は、理論を発見するためのものである。数値予測を立てるために機械学習を利用することも可能ではあるが、それは必ずしも科学的にベストな機械学習の利用法であるとは限らないのである（特に、高キャパシティの投資戦略を開発することが目標であれば）。

1.3　科学者は機械学習をどのように使っているか

機械学習アルゴリズムは、人間によるガイダンスやモデル指定をほぼ必要とせず、高次元空間で複雑なパターンを学習することができる。リサーチャーが機械学習のモデルを指定する必要がないために、機械学習はブラックボックスであるという誤った結論が導かれてきた。そのような考えのもとでは、機械学習は単なる「お告げ（Oracle）[3]」であり、何の洞察も得られない予測機械にすぎない。機械学習をブラックボックスとみなすのは誤解である。機械学習の一般的な産業応用においては、理論に基づいた理解の必要性よりも、よりよい予測の追求に重きが置かれていることもその一因である。ところが、科学における最近のブレイクスルーをみれば、科学における機械学習の利用法は次のように根本的に異なっていることが明らかになる。

3　計算複雑性理論におけるオラクル（oracle machine、神託機械）、つまりある計算のどのような問題に対しても解を生成可能なブラックボックス、という定義に従っている。

1　**存在の発見**：実験科学だけではなくすべての科学分野において、機械学習は理論の妥当性を評価するために利用されている。特に注目すべきは、機械学習アルゴリズムが数学的な発見に貢献してきたことである。機械学習アルゴリズムは定理を証明することはできないが、未発見の定理（theorem）の存在を指摘することができ、それは予想（conjecture）とされ、後に証明（prove）されうる。言い換えれば、何かを予測することができれば、そのメカニズムを発見できる可能性があるということである（Gryak et al., forthcoming）。

2　**重要度分析**：機械学習アルゴリズムによって、説明的・予測的な目的のための、説明変数（機械学習用語では特徴量）の相対的な情報量を決定することができる（Liu 2004）。たとえば、平均正解率減少量（mean-decrease accuracy、MDA）法は以下のようなステップを踏む。⑴特定のデータセットで機械学習アルゴリズムを学習させる。⑵アウトオブサンプルで交差検証された正解率を求める。⑶個々の特徴量または特徴量の組合せの時系列をシャッフルした後に⑵のステップを繰り返す。⑷⑵と⑶の間の正解率の減衰を計算する。重要な特徴量の時系列をシャッフルすると、精度が大きく低下する。このように、MDAは根本的なメカニズムを明らかにするものではないが、理論の構成要素となるべき変数を発見することができる。

3　**因果関係**：機械学習アルゴリズムによって、以下のステップで因果推論を評価することができる。⑴過去のデータを用い、効果がない場合の結果を予測するよう機械学習アルゴリズムをフィットさせる。このモデルは理論的なものではなく、純粋にデータによるものである（お告げ（Oracle）のようなもの）。⑵効果の存在下での結果のオブザベーションを収集する。⑶⑴でフィットした機械学習アルゴリズムを用いて⑵で収集したオブザベーションを予測する。この際の予測誤差の大部分は効果に起因するものであり、因果関係の理論を提案することができる（Varian 2014；Athey 2015）。

4　**還元主義的アプローチ**：大規模で高次元で複雑なデータセットの可視化には機械学習手法が不可欠である。たとえば、manifold learning（多様体学習）アルゴリズムは、多数の観測値を縮小されたピアグループのサブセットにクラスター化することができ、その差分特性を分析することができる（Schlecht et al. 2008）。

5　**探索**：機械学習は、ビッグデータをスキャンして人間が認識できなかったパターンを探すために使用される。たとえば毎晩、何百万枚もの画像が機械学習アルゴリズムに与えられ、超新星を探索している。超新星を含む確率の高い画像を１枚見つけると、高価な望遠鏡を宇宙の特定の領域に向け、そこで人間がデータを精査することになる（Lochner et al. 2016）。２つ目の例は外れ値検出である。外れ値を見つけることは、説明の問題ではなく予測の問題である。機械学習アルゴリズムは、その構造が説明されていなくても、データのなかで見つけた複雑な構造に基づいて、異常な観測値を検出することができる（Hodge and Austin 2004）。

機械学習は理論を置き換えるのではなく、科学者が豊富な実証的エビデンスに基づいて理論を形成するのを助けるという重要な役割を果たしている。同様に、機械学習は経済学者が強力なデータサイエンスのツールを使って健全な理論を構築する機会を与えてくれる。

1.4　2種類のオーバーフィッティング

機械学習の柔軟性の負の側面は、未熟な使い手の場合、データに簡単にオーバーフィットしてしまうことである。オーバーフィットの主な症状は、モデルのインサンプル性能とアウトオブサンプル性能の乖離である（汎化誤差と呼ばれる）。オーバーフィットには２種類存在する。訓練データで発生するオーバーフィットと、テストデータで発生するオーバーフィットである。図１.１は、この２種類のオーバーフィッティングに対して機械学習がどのように対処するかのまとめである。

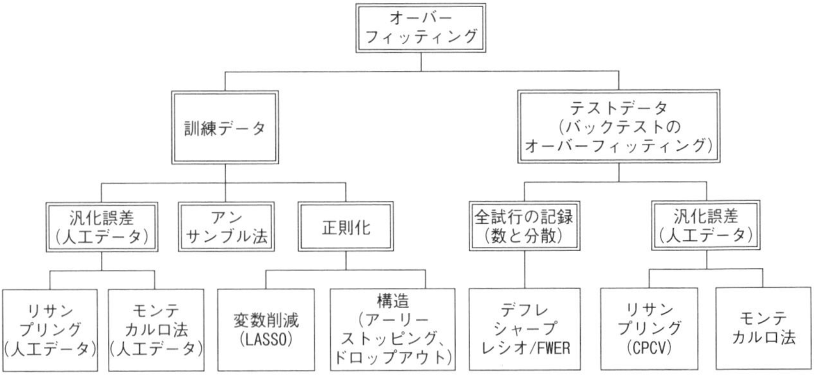

図１．１　２種類のオーバーフィッティングへの対処法

1.4.1　訓練データのオーバーフィッティング

シグナルだけでなくノイズも説明してしまうような柔軟性のあるモデルを選択すると、訓練データのオーバーフィッティングが発生する。シグナルとノイズを混同することの問題点は、ノイズはその定義上、予測不可能ということである。オーバーフィットしたモデルは、間違った予測を不当な確信度をもって生成し、その結果、アウトオブサンプル（あるいはバックテストのような疑似アウトオブサンプル）でのパフォーマンスの低下につながる。

機械学習の研究者はこの問題を強く意識しており、３つの補完的な方法でこの問題に対処している。訓練データのオーバーフィッティングを修正する最初の方法は、リサンプリング手法（たとえばクロスバリデーション）やモンテカルロ法を用いて汎化誤差を評価することである。付録Aでこれらの技術と方法をより詳細に説明する。第二のアプローチは正則化手法であり、より大きな説明力によって正当化できる場合を除いて、モデルの複雑さを制限するものである。パラメータの数を制限する（たとえばLASSO）か、モデルの構造を制限する（たとえばアーリーストッピング）ことによってモデルの簡略化を強制することができる。第三のアプローチはアンサンブル手法であり、これは推定器の集合の予測を組み合わせることで誤差の分散を減らすものである。たとえば、ランダムフォレストの訓練データに対するオーバーフィッティングのリスクを、少なくとも以下３つの方法で制御することができる。⑴予測をクロスバリデーションする、⑵各ツリーの深さを制限する、⑶より多くのツリーを追加する。

要約すると、バックテストによって訓練データのオーバーフィッティングの発生が示唆されることがあり、その場合上記のアプローチを用いて改善することができる。残念ながら、以下に説明するように、バックテストは次のタイプのオーバーフィッティングに対しては無力である。

1.4.2　テストデータのオーバーフィッティング

ある友人が、次回の宝くじの当選番号を予想するテクニックをもっていると主張していると想像してみよう。彼の技術は正確ではないので、複数のチケットを購入しなければならない。もちろん、彼がすべてのチケットを買えば、当選しても不思議ではない。彼の手法が役に立たないと結論づける前に、何枚までならチケットを買うことを許可すればいいだろうか？　彼のテクニックの精度を評価するためには、複数のチケットを購入しているという事実を調整する必要がある。これと同様に、同じデータセットに対して統計的検定を複数回実施しているリサーチャーは、誤った発見をする可能性が高くなる。同じデータセットに同じテストを複数回適用することが、偽の発見につながるのである。この選択バイアスは、（訓練データではなく）テストデータでうまく機能するようにモデルを適合させることに由来する。

テストデータのオーバーフィッティングのもう１つの例は、戦略をバックテストして、出力が目標性能を達成するまでバックテストを微調整するときに起こる。このバックテスト―微調整―バックテストのサイクルは、必然的にオーバーフィット戦略（偽陽性）を生み出す無益な活動である。そのかわりに、どのようなリサーチプロセスによって偽の戦略のバックテストをする羽目になったかを追求すべきである。言い換えれば、バックテストのパフォーマンスが低いことは、リサーチプロセスを修正する機会なのであって、投資戦略を修正する機会ではないのである。

ファイナンス分野で発表される発見の多くは、テストデータのオーバーフィッティングの理由で、誤った発見である可能性が高い。現在のファイナンス研究の危機は、機械学習によって引き起こされたのではない（Harvey et al. 2016）。この危機は、ファイナンスにおける古典的な統計手法の誤用、特にp-ハッキングの蔓延によって引き起こされたのである。機械学習はテストデータのオーバーフィッティングの問題を解決するのに役立つ。第一に、リサーチャーが行った独立テストの数を記録し、その結果のうち少なくとも１つが誤発見である確率（ファミリーワイズエラー率（FWER）と呼ばれる）を評価することができる。第８章で説明するように、デフレシャープレシオ（Bailey and López de Prado 2014）はバックテストにおいて同様のことを行う。これらは友人が買った宝くじの枚数をコントロールすることに相当する。第二に、モデルを１つのテストデータにオーバーフィットすることは簡単だが、各証券について数千のテストデータにモデルをオーバーフィットすることは困難である。このような数千のテストセットは、訓練データとテストデータの組合せ分割をリサンプリングすることで生成することができる。これは、組合せパージング交差検証（Combinatorial Purged Cross-Validation、CPCV）法（AFML第12章）で採用されているアプローチである。第三に、ヒストリカル系列から潜在的なデータ生成プロセスを推定し、ヒストリカルに観察された統計的性質に一致する合成データセットをサンプリングすることができる。ヒストリカル系列の統計的性質と一致する合成データセットを生成する際には、モンテカルロ法が特に有効である。これらの検定からの結論は、推定されたデータ生成過程の代表性に依存する（AFML、第13章）。このアプローチの主な利点は、テストの結論が、データ生成過程のある特定の（観測された）実現ではなく、ランダムな実現の分布全体から得られることである。われわれの例では、これは宝くじのゲームを複製して何度も繰り返すことと同等であり、それにより運を除外することができる。

まとめると、訓練データとテストデータのオーバーフィッティングの問題に対しては、複数の実用的な解決策がある。これらの解決策は完璧でも相いれないものでもないので、筆者のアドバイスはこれらをすべて適用することである。同時に、少なくとも２つの理由から、バックテストが理論のかわりになることはないと主張したい。⑴バックテストではブラックスワンをシミュレートすることはできない。理論だけが、これまでにみたことのない事象を検討するために必要な幅と深さをもっている。(2)バックテストは、ある投資戦略が利益をあげられると示唆することはできても、その理由を教えてはくれない。バックテストはコントロールされた実験ではない。理論だけが因果関係のメカニズムを解説でき、事実および反事実の独立テストが可能な広範囲の予測と含意を形成できる。これらの含意のなかには、投資行動の領域外でも検証可能なものもある。たとえば、VPIN理論は持続的な注文フローの不均衡のもとでは、マーケットメーカーはストップアウトに苦しむだろうと予測した。これを検証するために、注文フローの不均衡が流動性の低下を引き起こすかどうかを検証する以外にも、フラッシュ・クラッシュの際にマーケットメーカーが損失を被ったかどうかを検証することができる。後者の検証は、取引所の価格や気配値の記録に含まれる証拠とは別に、財務諸表を確認することで行うことができる。

1.5 本書の構成

本書は、アセットマネージャーに対して、機械学習手法を用いて金融理論を構築するためのステップ・バイ・ステップのガイドを提供する。この目的のため、各章ではそれ以前の章で学んだことを使用している。本章を除く各章には、説明した手法を検証するためのモンテカルロ実験による実証分析が含まれている。

理論を構築するための最初のステップは、変数同士がどのように相互関連しているかを示すデータを収集することである。金融においては、こうしたデータは共分散行列のかたちをとることが多い。共分散行列を使って、回帰分析、ポートフォリオ最適化、リスク管理、連結性の探索などを行うことができる。しかし、金融における共分散行列はノイズが多いことが知られている。共分散行列が含む情報のうちシグナルは比較的小さな割合にすぎず、またそれは裁定取引の力によって常に抑制されている。第２章では、共分散行列に含まれるわずかなシグナルを放棄することなく、ノイズを除去する手法を解説する。議論の多くはランダム行列理論に関連するが、解決法の中心は機械学習の手法であるカーネル密度推定器（KDE）である。
リサーチ課題の多くは、類似性や距離の概念を含む。たとえば、２つの変数がどれだけ密接に関連しているかを理解することに興味があるかもしれない。線形関係から距離測度を導出する際には、ノイズを除去した共分散行列が非常に役に立つ。非線形関係をモデル化する際には、より高度な概念が必要となる。第３章では、ノイズの多いデータから複雑なシグナルを抽出するための情報理論に基づくフレームワークを提供する。これによって、測度空間を特徴づける潜在変数におく仮定を最小限にして距離測度を定義することができる。これらの距離測度は、相関の概念を非線形に一般化したものと考えることができる。

距離行列の活用法の１つは、いくつかの変数同士がほかよりも密接に関連している、つまりクラスターを形成しているかどうかを調べることである。クラスタリングは、資産クラス分類、ポートフォリオ構築、次元削減、エージェントのネットワークのモデリングなど、金融分野で幅広く応用されている。クラスタリングにおける一般的な問題は、最適なクラスター数を求めることである。第４章では、この問題の一般的な解を提供するONCアルゴリズムを紹介する。このアルゴリズムのさまざまなユースケースは本書全体で提示する。

クラスタリングは教師なし学習問題である。教師あり学習問題を掘り下げるには、金融データのラベリング方法を検討する必要がある。教師あり機械学習アルゴリズムの有効性は、われわれが解決しようとする問題の種類に大きく依存する。たとえば、明日のS&P500のリターンを予測することは、S&P500の次の５％の変化の符号を予測するよりもおそらく困難である。ラベルづけのタイプごとに、適する特徴量は異なる。リサーチャーは、データにどのようなラベルづけ方法を適用するかを慎重に検討する必要がある。第５章では、さまざまな選択肢のメリットについて議論する。

前著AFMLでは「バックテストはリサーチツールではない。特徴量の重要度こそがリサーチツールなのである」と読者に警告した。バックテストは経済理論や金融理論の開発には役立たない。理論の開発のためには、ある現象にどのような変数が関与しているのかをより深く理解する必要がある。第

6章では説明変数の重要度を評価するための機械学習手法を解説し、こうした手法がどのように古典的手法の多くの欠点（たとえばp値）を打ち破るかを説明する。特に問題となるのは、多重共線性のもとでのp値のロバスト性の欠如をどうやって克服するかである。この問題に取り組むために、ノイズ除去（第２章)、距離測定法（第３章)、クラスタリング（第４章)、ラベリング（第５章）とすべての先行する章で学んだことを適用する。

金融理論を構築したら、その発見をもとに投資戦略を策定し投資を実行できる。その戦略を設計するためには、不確実性のもとでの投資判断が必要になる。その手法としては平均分散ポートフォリオ最適化が知られており、不安定さで悪名高いものの、広く使用されている。これまでこの不安定性は、強い制約条件の導入、事前分布の追加、共分散行列のシュリンケージ、その他のロバストな最適化手法など、多くの方法で対処されてきた。多くのアセットマネージャーは、共分散行列のノイズによって引き起こされる不安定性について理解している。しかし、ある種のデータ構造（シグナルの種類）も平均分散最適化解の不安定性の原因になることを理解しているアセットマネージャーは少ないのが現状である。第７章では、なぜシグナルが不安定性の原因となりうるのか、そして機械学習手法によってどのように修正可能かを説明する。

最後に、ファイナンス機械学習の書籍は、テストデータのオーバーフィッティングの結果として発見が偽である確率をどのように評価するかについての詳細な説明がなければ完結しない。第８章では、バックテストのオーバーフィッティングの危険性を説明し、複数のテスト下での選択バイアスの問題に対するいくつかの実用的な解決策を提供する。

1.6　想定する読者

多くのアセットマネージャーのように、共分散行列の計算、相関の使用、高次元空間の低次元表現、予測モデルの構築、p値の計算、平均分散最適化、または与えられたデータセットに同じ検定を複数回適用することを日常的に行っている場合は、本書を読むべきである。本書では、金融共分散行列はノイズが多く、回帰を実行したり最適なポートフォリオを計算する前にクリーンアップしたりする必要があることを学ぶ（第２章）。相関関係は共依存性に対して非常に狭い定義を測定するものであり、情報理論に基づいたさまざまな測定基準のほうがより洞察力に富んでいることを学ぶ（第３章）。次に、基底を変換することなく空間の次元を削減する直観的な手法を学ぶ。PCAとは異なり、機械学習ベースの次元削減法は直観に沿う結果を提供する（第４章）。非現実的な固定ホライズン予測を目指すのではなく、より高い精度で解くことができる金融予測問題の代替案を学ぶ（第５章）。古典的なp値を代替する現代的な手法を学ぶ（第６章）。平均分散ポートフォリオの課題である不安定性の問題に対処する方法を学ぶ（第７章）。そして、複数のテストの結果、発見が偽である確率を評価する方法を学ぶ（第８章）。読者が資産運用業界やファイナンス学術界で働いているのであれば、本書は読者のためのものである。

1.7　ファイナンス機械学習に関する５つの誤解

ファイナンス機械学習は新しいテクノロジーである。新しいテクノロジーにはよくあることだが、多くの誤解が生まれている。以下にそのなかでも最もよくあるものを紹介する。

1.7.1　機械学習は見果てぬ夢 vs 機械学習は役に立たない

機械学習を取り巻く誇大広告と反誇大広告の量は、常軌を逸している。誇大広告は、近い将来には実現しないかもしれない期待感を生み出す。反誇大広告は、機械学習は何も特別なものではなく、機械学習愛好家が主張するような成果はすでに古典的な統計手法によって得られているということを聴衆に納得させようとしている。

機械学習を批判する向きは「線形回帰の欠点Xは大したことではない」と主張することがある。この場合のXはモデル仕様の誤り、多重共線性、回帰子の欠落、非線形相互作用効果などを意味する。実際には、これらの古典的仮定の違反は、情報のない変数を受け入れる（偽陽性）および／または情報のある変数を拒否する（偽陰性）ことにつながる。この例については第6章を参照されたい。

もう1つのよくある誤りは、中心極限定理が、線形回帰モデルの使用をどこでもなんらかのかたちで正当化すると考えることである。主張は次のようなものである：十分な標本があれば、正規性を仮定でき、線形モデルは漸近的な相関構造への良好な適合を提供する。この“CLT（中心極限定理）万歳”は、大学学部レベルのファンタジーである。つまり、標本平均はガウス分布に収束するが、標本自体は収束しないのである。そしてその収束が起こるのは、標本が独立同分布（independent and identically distributed）している場合のみである。数千、数億の標本を与えたとしても、仕様が間違っていれば回帰がよい結果を出さないことは、数行のコードで実証できる。

両者（誇大広告と反誇大広告）ともに、機械学習が今日もたらしている真の差別化された価値を投資家が認識することを妨げている。機械学習は最先端の統計学であり、何十年にもわたって資産運用者を悩ませてきた古典的な手法の欠点の多くを克服するのに役立つ。金融分野における機械学習の応用例については、López de Prado（2019c）を参照されたい。

1.7.2　機械学習はブラックボックスである

これは、おそらく機械学習にまつわる誤解のなかで最も広まっているものである。世界中のどの研究室でもある程度機械学習を使っており、明らかに機械学習は科学的手法と互換性がある。機械学習はブラックボックスではないどころか、第6章で説明するように、従来の統計的手法（計量経済学を含む）よりも機械学習に基づいた研究ツールのほうがより深い洞察を得ることができる。機械学習モデルは、PDP、ICE、ALE、フリードマンのH-stat、MDI、MDA、グローバルサロゲート、LIME、シャプレイ値など、多くの手続によって解釈することができる。機械学習の解釈可能性については、Molnar（2019）を参照されたい。

機械学習をブラックボックスとして利用するか、ホワイトボックスとして利用するかは個人の選択の問題である。他の技術的なテーマでも同じことがいえる。筆者は個人的には自分の車がどのように動くのかにはあまり関心がないし、正直にいうとボンネットを開けてエンジンを覗き見したこともない(筆者の興味は数学にあって、メカニックにはない)。だから、筆者の車は筆者にとってブラックボックスのままなのである。自分に好奇心がないからといって、車を設計したエンジニアを責めるつもりはない。またガレージで働くメカニックたちが車をホワイトボックスとしてみていることも承知している。同様に、機械学習がブラックボックスであるという主張は、ある人々がどのように機械学習を利用することを選択してきたかを明らかにするものであり、普遍的な真理ではないのである。

1.7.3　ファイナンスのデータ量は機械学習には足りない

特に価格予測においては、大量のデータを必要とする機械学習アルゴリズムがあるのは事実である。したがって、タスクに適したアルゴリズムを選択する必要がある。一方、このような主張をする機械学習批判家は、ファイナンス機械学習のアプリケーションの多くが過去のデータをまったく必要としないことを無視しているようだ。例としては、リスク分析、ポートフォリオ構築、外れ値検出、特徴量の重要度、ベットサイジングなどがあげられる。本書の各章では、過去のデータに依存することなく機械学習の数学的性質を示している。たとえば第7章では、モンテカルロ実験を用いて機械学習ベースのポートフォリオ構築アルゴリズムの精度を評価する。何百万回ものモンテカルロシミュレーションから導き出された結論は、このアプローチの一般的な数学的性質について示唆を与えてくれる。一握りのヒストリカルシミュレーションから得られる逸話的な証拠は、広範囲のシナリオに対する評価にはかなわないのである。

センチメント分析、ディープヘッジ、信用格付、執行、商業データセットのようなファイナンス機械学習アプリケーションでは、豊富なデータを享受することができる。またある状況下では、研究者は自分自身のデータを生成し、正確な因果関係のメカニズムを確立することができるランダム化対照実験を行うことができる。たとえば、ニュース記事をリワード（reword、言い換え）することにより、さまざまな変化をコントロールしつつ、機械学習のセンチメント抽出と人間による結論を比較することができる。同様に、執行アルゴリズムの異なる実装に対する市場の反応を、同等の条件下で実験することもできる。

1.7.4　ファイナンスではS/N比（信号対雑音比）が低すぎる

金融データは、他の機械学習アプリケーションで使われているデータに比べ、S/N比が低いことは間違いない（第2章で実証する）。金融ではS/N比が低いため、データだけに基づくブラックボックス予測に頼ることはできない。しかし、これはファイナンスでは機械学習は使えないということを意味しない。これは機械学習の使い方を変えなければならないということを意味しており、だからこそファイナンス機械学習は別個の学問分野なのである。ファイナンス機械学習は、標準的な機械学習手法を金融データセットに単に適用したものではない。計量経済学が標準的な統計手法を単に経済データに適用したものではないのと同じように、ファイナンス機械学習は金融リサーチャーが直面する特定の課題に対処するために特別に設計された機械学習手法であるといえる。

ファイナンス機械学習の目的は、新しい経済理論の発見を支援することにある。機械学習アルゴリズムではなく、そのようにして発見された理論が、予測を生み出すことになる。これは、科学者があらゆる研究分野で機械学習を利用しているのとなんら変わらない。

1.7.5　金融ではオーバーフィットのリスクが高すぎる

1.4節でこの誤解を否定した。知識のある使い手のもとでは、機械学習アルゴリズムは古典的な手法に比べてオーバーフィットが少ないのである。しかし、不注意な素人が使った場合、機械学習アルゴリズムは有害無益となるであろう。

1.8　ファイナンス・リサーチの未来

インターナショナル・データ・コーポレーション（IDC）は、利用可能なデータの80％が非構造化データであると推定している（IDC 2014）。利用できる新しいデータセットの多くは、高次元、スパース、または非数値である。こうした新しいデータセットは複雑なため、回帰モデルなどの線形代数的または幾何学的アプローチを用いてできる分析には限界がある。古いデータセットであっても、従来の定量的手法では、変数間の複雑な（たとえば、非線形で相互作用的な）関連性を捕捉できない可能性がある。またこれらの手法は、金融データにつきものの多重共線性にきわめて敏感である（López de Prado 2019b）。

経済学とファイナンスは、機械学習手法の採用によって多くの恩恵を受ける余地がある。2018年11月26日時点で、Web of Science[4]には、「経済学」と「統計・確率」の共通分野のジャーナル記事が13,772件掲載されている。そのなかで、「分類器」「クラスタリング」「ニューラルネットワーク」「機械学習」のいずれかの用語を含む論文は89本（0.65%）にとどまっている。「生物学」と「統計・確率」の共通分野の40,283件の論文のうち、これらの用語が含まれているのは4,049件（10.05%）、「化学・分析」と「統計・確率」の共通分野の4,994件の論文のうち、これらの用語が含まれているのは766件（15.34%）であった。

計量経済学はデジタル・コンピューティングの黎明期よりも前に生まれた。ほとんどの計量経済学モデルは、手作業で推定するために考案されたものであり、その時代の産物である。ロバート・ティブシラニの言葉を借りれば、「人々がある方法を使うのは、それがすべての始まりであり、それに慣れているからです。それを変えるのはむずかしいのです」[5]。21世紀の学生は、レガシーテクノロジーに過度に触れるべきではない。また、歴史上最も成功しているクオンツ投資会社は、計量経済学ではなく主に機械学習を活用している。現在、大学院教育では計量経済学が優勢であるが、これは学生を実務界ではなくアカデミック・キャリアに向けて準備させていることになる。

これは計量経済学がその有用性を失ったことを意味するものではない。計量経済学と機械学習のどちらかを選択するように求めるのは間違いである。

4 www.webofknowledge.com
5 https://qz.com/1206229/this-is-the-best-book-for-learning-modern-statistics-its-free/

計量経済学と機械学習はそれぞれ異なる強みをもっているため、お互いに補完し合うことができる。たとえば、機械学習は理論の構成要素を研究者に示唆するのに役立つし（第6章）、計量経済学は経験的観測に基づいた理論を検証するのに役立つ。実際には、セミパラメトリック法のように、両方のパラダイムを同時に適用したいと思うこともある。たとえば、回帰において、観測可能な説明変数と機械学習アルゴリズムが与える制御変数を組み合わせることも可能である（Mullainathan and Spiess 2017）。このようなアプローチにより、省略された回帰変数によるバイアスに対処できる（Clarke 2005）。

1.9 よくある質問

ここ数年、セミナーの参加者からさまざまな興味深い質問を受けてきた。本節では、最もよくある質問のいくつかに簡単に答えてみる。また、いつかだれかが質問してくれることを期待している質問もいくつか追加している。

簡単にいえば、機械学習とは何ですか？

広くいえば、機械学習とは特に指示されることなく複雑なパターンを高次元空間で学習するアルゴリズムの集合を指す。この定義を3つの要素に分解してみよう。第一に、機械学習は特に指示されることなく学習をするが、これは研究者がデータに構造をほとんど与えないことを意味する。そのかわりに、アルゴリズムがデータから構造を導き出すのである。第二に、機械学習は複雑なパターンを学習する。これは、アルゴリズムが特定した構造が有限数の方程式の集合として表現できない場合があるからである。 第三に、機械学習は高次元空間で学習を行うが、これはモデルが多数の変数とその相互作用を含むことを意味する。

たとえば、機械学習アルゴリズムに対して例を示すことによって、人間の顔を認識するよう訓練することができる。顔とは何かを定義していないので、アルゴリズムはわれわれの指示なしに学習している。問題は方程式として表現されておらず、実際には方程式では表現不可能である。またこのアルゴリズムでは、個々の画素や画素間の相互作用を含め、非常に多くの変数を使用している。

近年、機械学習は科学研究のあらゆる分野において、ますます有用な研究ツールとなっている。たとえば、医薬品開発、ゲノム研究、新素材開発、高エネルギー物理学などである。消費者向け製品や産業サービスにおいては、これらの技術が急速に取り入れられ、世界で最も時価総額が大きな企業のいくつかが、機械学習をベースにした製品やサービスを提供している。

◆ 機械学習は、計量経済学の回帰分析とどう違うのでしょうか？

伝統的な回帰分析は、変数の集合に対してあらかじめ定義された関数形をフィットさせる。回帰は、その関数形と変数を結びつける相互作用について高い確信度をもっている場合には非常に有用である。18世紀にさかのぼり、数学者は、データに対する一定の前提条件のもと、望ましい特性をもつ推定量を使用して、これらの関数形を適合させるツールを開発した。

1950年代に入ってから、研究者たちは、コンピュータの助けを借りて実証分析を行う別の方法があることに気づいた。関数型を課すのではなく、特にその型が事前に不明な場合には、アルゴリズムがデータから変数の依存性を見つけ出すことを可能にしたのである。また、データに強い仮定を置くのではなく、アルゴリズムがアウトオブサンプル予測の数学的特性を評価する実験を行う。このように関数型とデータの仮定を緩和することと、強力なコンピュータの使用が相まって、高度に非線形、階層的かつ非連続的な相互作用を含む複雑なデータセットの分析への扉が開かれたのである。

次の例を考えてみよう。研究者がタイタニック号の乗客の生存確率を、性別、チケット等級、年齢などの変数に基づいて推定したいとする。典型的な回帰アプローチは、性別、チケット等級、年齢を回帰変数として、1は生存者、0は死亡者を意味する二値変数にロジットモデルを適合させるものである。しかし、これらの回帰変数は正しいにもかかわらず、ロジット（またはプロビット）モデルはよい予測をすることができないことがわかった。その理由は、ロジットモデルは、このデータセットが複雑な相互作用をもつ階層的な（ツリー状の）構造を内包していることを認識していないからである。

たとえば、２等チケットの成人男性は、この２つの属性を独立して検討した場合よりもはるかに高い割合で死亡している。対照的に、単純な「分類木」アルゴリズムのほうがはるかによい結果が得られる。これは、アルゴリズムがその階層構造（および関連する複雑な相互作用）を見つけてくれるからである。

階層構造は、経済学や金融の分野では遍在している（Simon 1962）。セクター分類、信用格付、資産クラス、経済的リンケージ、貿易ネットワーク、地域経済のクラスターなどである。このような問題に直面したとき、機械学習ツールは計量経済学や伝統的な統計手法の限界を補完し、克服することができる。

機械学習はビッグデータとどう違うのでしょうか？

ビッグデータとは、従来の統計的手法では情報を抽出したりモデル化したりすることができないほど大規模で複雑なデータセットのことを指す。すべてのデータのうち90％は過去２年間に作成されたと推定されており、その80％は非構造化データ（従来の統計的手法では対応できないデータ）であるといわれている。

近年、経済データの量と粒度は飛躍的に向上している。よいニュースは、行政、民間部門、マイクロレベルのデータセットが突然爆発的に増加し、経済の内部の仕組みについての比類のない洞察を提供してくれることである。悪いニュースは、これらのデータセットが経済学の研究に複数の課題をもたらすことである。(1)最も興味深いデータセットのなかには、構造化されていないものもある。ニュース記事、音声録音、衛星画像のように、数値でなくカテゴリカルでもないデータの場合もある。(2)これらのデータは高次元である（例：クレジットカード取引）。関与する変数の数が観測値の数を大幅に超えることが多く、線形代数による解を適用することが非常に困難である。(3)これらのデータの多くは、非常に疎（スパース）である。サンプルの大部分がゼロの場合があり、相関のような標準的な概念がうまく機能しない。(4)これらのデータには、エージェントのネットワーク、インセンティブ、人々の集合行動に関する重要な情報が含まれている。

機械学習技術はビッグデータの分析のために設計されており、そのためしばしば一緒に語られている。

資産運用業界はどのように機械学習を活用しているのでしょうか？

機械学習の最もポピュラーな利用法はおそらく価格予測であろう。しかしほかにも、ヘッジ、ポートフォリオ構築、外れ値や構造的ブレークの検出、信用格付、センチメント分析、マーケットメイキング、ベットサイジング、銘柄分類など、重要な応用例は数多くある。価格予測への過度な期待と異なり、これらはより現実的な応用例である。

たとえば、ファクター投資会社は機械学習を使ってバリューファクターの再定義を行っている。数年前までは、株価収益率がよいバリュー指標となっていたが、現在ではそうではない。今日では、バリューの概念はよりニュアンスのあるものとなっている。現代の資産運用会社は、バリューの特性を特定し、その特性がモメンタム、クオリティ、サイズ等とどのように相互作用しているかを特定するために機械学習を使用している。メタラベリング（5.5節）もまた、資産運用会社がファクターベットのサイズとタイミングを決定するのに役立つホットなトピックの1つである。

高頻度取引会社は、インフォームド・トレーダーの痕跡を探すために、何年も前からリアルタイムの取引所フィードの分析に機械学習を利用してきた。この情報を利用して短期的な価格予測を行ったり、注文執行の積極性や消極性を判断したりすることができる。信用格付機関も機械学習を積極的に採用している。機械学習アルゴリズムは、クレジットアナリストによって生成された格付を再現する能力を実証しているからである。金融モデルは、少数の外れ値の存在にも非常に敏感に反応するため、外れ値の検出も重要な応用例の1つである。また、売買の判断は従来のファンダメンタルズモデルに委ねつつ、機械学習モデルによってポジションの適切なサイズを見つけることで、投資パフォーマンスを向上させることも可能である。

特に、クオンツ投資家はどうでしょうか？

クオンツ投資家は上記の応用例すべてと、ほかにも多くの方法で機械学習を活用している。クオンツ投資家にとっては絶好のチャンスが訪れている。データはこれまで以上に豊富になり、コンピュータは機械学習を有効に活用するために必要なパワーをようやく発揮するようになってきている。MITのBillion Prices Project（Cavallo and Rigobon 2016）のようなマクロ経済統計のリアルタイム予測は特に期待できる。機械学習は、従来のデータであっても、これまで隠れていた関係性を明らかにするのに役立つ。たとえば、企業間の経済的な関係は、GICS[6]のような従来のセクター・インダストリー分類では効果的に表現できない。企業間をさまざまなファクターで関連づけるネットワークアプローチは、株式市場やクレジット市場の特定のセグメントのダイナミクス、強み、および脆弱性を正確に表現できる可能性がある（Cohen and Frazzini 2008）。

投資ポートフォリオに機械学習を適用するにはどうしたらよいでしょうか？

ポートフォリオ構築は、機械学習にとって非常に有望な分野である（第7章）。資産運用業界では何十年にもわたって、ポートフォリオ構築において、マーコウィッツの効率的フロンティアやその派生型に依存してきた。これらの解の多くはインサンプルでは最適であるが、凸最適化に伴う数値計算の不安定性のために、アウトオブサンプルではうまくいかないことが知られている。このような計算上の不安定性に対処するために、数多くの古典的なアプローチが試みられてきたが、結果はまちまちであった。機械学習アルゴリズムは、従来の手法では見落とされていたスパースな階層関係を認識できるため、アウトオブサンプルでも良好なパフォーマンスを発揮するロバストなポートフォリオを生成する可能性があることが示されている（López de Prado 2016）。

6　www.msci.com/gics.

リスクは何でしょうか？　投資家が気をつけなければならないことや、注意すべきことはありますか？

機械学習にとって、ファイナンスはプラグアンドプレイの対象ではない。金融データのモデリングは、車の運転や顔の認識よりもむずかしい。その理由は、裁定行動や非定常なシステムの結果として、金融データのS/N比が非常に低いからである。機械学習はその計算能力と機能的な柔軟性によって、たとえそのパターンが永続的な現象の結果ではなくまぐれで生じたものだとしても、データのなかに必ずパターンを見つける。経済理論から切り離された予測を行うためにアルゴリズムを開発するような「お告げ（Oracle）」アプローチは、誤った発見をもたらす可能性がある。科学者が「理論は忘れて、何でも答えられるお告げがあるんだから、もう考えるのはやめて、何が出てきても盲目的に信じよう」というのを聞いたことはないであろう。

投資家は、機械学習が経済理論にとってかわるのではなく、経済理論を構築するための強力なツールであることを認識することが重要である。より優れた金融理論を開発するために機械学習が必要であり、また、機械学習のオーバーフィットの傾向を制限するために金融理論が必要である。この金融理論と機械学習の相互作用がなければ、投資家はハイテクな占星術に信頼を置いていることになる。

今後10年間で機械学習は資産運用業界にどのような影響を与えると思いますか？

農業における機械学習の利用は驚異的である。自動運転のトラクター、ドローンによる不規則な土地のスキャン、センサーによる牛への給餌や必要に応じた養分の投与、遺伝子組換作物、衛星画像による収量の推定などである。同様に、10年後には、機械学習は資産運用業界の重要な側面になっているだろう。農業と同じく、こうした変化は一朝一夕には起こらないかもしれないが、進むべき方向は１つしかないことは明らかである。

経済データは大きくなる一方であり、コンピュータはさらに強力になるだろう。ほとんどの資産運用会社は、進化をしないか、あるいは「お告げ

(Oracle)」アプローチの危険性を十分に認識せずに拙速に未知の世界に飛び込むことで失敗するだろう。思慮深く責任をもって進化することで成功する資産運用会社は、ごく一部にとどまると思われる。

◆今後10年間に機械学習はファイナンス学界にどのような影響を与えると思いますか？

物理学者が、自然界の基本法則が常に変化している宇宙で理論をつくらなければならない場合を想像してみよう。あるいは論文の内容がその研究対象そのものに影響を与える場合。あるいは実験が事実上不可能な場合。あるいはデータが高価でシグナルが弱く、研究対象のシステムが非常に複雑な場合。このような逆境のなかで、ファイナンス学者たちがあげている成果に、筆者は大変感心している。

機械学習は学者たちに多くを提供してくれる。第一に、機械学習は、裁定の力が引き起こすノイズの海のなかからぼんやりとしたシグナルを見つけるために必要なパワーと柔軟性を提供してくれる。第二に、機械学習は研究プロセスを次の２つの段階に分離することを可能にする。⑴関数形に関係なく重要な変数を探索すること、⑵それらの変数をひとまとめに扱う関数形を探索することである。López de Prado（2019b）は、小さな仕様エラーが研究者をミスリードして重要な変数を排除してしまうことを実証している。仕様探索と変数探索をデカップリングすることの妥当性は強調してもしきれない。第三に、機械学習は人工データを用いてシミュレーションを行うことを可能にする。これは、実験室のない金融の世界では、実験に近いものといえるだろう。いまは金融システムの学術的な研究を行ううえでは非常に刺激的な時代であり、より多くの金融研究者が機械学習を利用することで、大きなブレイクスルーが期待できる。

◆ファイナンス機械学習は価格予測が目的ではないのでしょうか？

メディアの記事を読んで感じる最大の誤解の１つは、機械学習の主な目的が価格予測であるという考え方である。資産価格づけは非常に価値のある努力であることは間違いないが、その重要性はしばしば誇張されている。価格予測に優位性をもつことは、今日の競争の激しい市場で成功するために必要な条件の１つにすぎず、十分条件ではない。ほかにも、データ処理、ポートフォリオ構築、リスク管理、構造的ブレークの監視、ベットサイジング、偽の投資戦略の検出など、同様に重要な分野がある。

ポーカーのワールド・シリーズのプレイヤーを考えてみよう。カードはシャッフルされ、ランダムに配られる。プレイヤーはどのカードが配られるかを予測することはできない。それなのに、同じ一握りのプレイヤーが毎年上位にランクインしているのだ。その理由の１つは、カードの予測よりもベットサイズのほうが重要だからである。プレイヤーは、よい手札を手にした時に、他のプレイヤーが強い手札をもっている可能性を評価し、戦略的にベットする。同様に、投資家は価格を予測することはできないかもしれないが、通常の価格から外れた価格が出たときには、それを見極めてベットすることができる。ベットサイジングが投資を成功させる鍵だといっているわけではない。ベットサイジングは価格予測と同じくらい重要であり、ポートフォリオ構築はおそらくそれ以上に重要であるといっているのである。

さまざまな機械学習アルゴリズムについて議論しないのはなぜですか？

本書の目的は、ファイナンスで使われている膨大な機械学習アルゴリズムを読者に紹介することではない。２つの理由がある。第一に、これらのアルゴリズムを体系的に解説するための長編の教科書はすでに存在しており、新しい１冊を加える必要性はほとんどない。優れた参考文献としては、James et al.（2013）、Hastie et al.（2016）、Efron and Hastie（2016）などがある。第二に、金融データには特定の厄介な問題があり、プロジェクトの成否はこれを理解することにかかっている。いったん特徴量を設計し、問題を正しく定義することができれば、アルゴリズムの選択が果たす役割は比較的二の次であるといえる。

第二のポイントを例で説明しよう。３の変化を予測したが、実現した変化が１であったアルゴリズムと、１の変化を予測したが、実現した変化が－１であったアルゴリズムを比較してみよう。どちらの場合も予測誤差は２である。多くの産業応用では、この両者の誤差の間には無関心であろう。しかし、金融の場合はそうではない。最初のケースでは、投資家は予測された利益の3分の1の利益を得るが、2番目のケースでは、投資家は予測された利益に等しい損失を被る。サイズを予測できなかったことは機会損失をもたらすが、符号を予測できなかったことは実現損失をもたらすのである。投資家は、機会損失よりも実現損失のほうにはるかに多くのペナルティを課す。結果の符号を予測することは、結果の大きさを予測することよりも重要であることが多く、金融分野で回帰手法よりも分類器が好まれる理由となっている。またファイナンスでは、符号と大きさが異なる特徴量に依存していることが一般的であり、符号と大きさの両方を一連の特徴量の組合せによって予測しても、満足いく結果が得られないことが多い[7]。他分野から金融に移行してきた機械学習の専門家は、López de Prado (2018b) で説明されているように、問題を誤って定義するなどの根本的なミスを犯してしまう。ファイナンス機械学習はそれ自体が独自の分野であり、汎用的な機械学習アルゴリズムの議論は問題の核心ではないのである。

他の本のように、具体的な投資戦略を論じないのはなぜですか？

他の人が開発した投資戦略を実行するためのレシピを提供する本はたくさん存在する。こうした料理本は、他人のケーキをつくる方法を教えてくれる。本書は違う。本書では、読者が機械学習を使って、読者の問題に対する新しい経済・金融理論を発見し、それに基づいて読者自身の投資戦略を立てる方法をお見せしたいと考えている。投資戦略は、まず読者が独自に発見しなければならない理論の、ある実装例にすぎない。他人のケーキを焼いて、それを自分のものにすることはできないのである。

1.10 結　論

本書の目的は、経済・金融理論の発見に役立つ機械学習ツールを紹介する

7　サイドとサイズの決定が独立したアルゴリズムによって行われるメタラベリングアルゴリズムの議論については、López de Prado (2018a) を参照のこと。

ことである。成功する投資戦略は、一般的な理論の具体的な実装である。理論的な正当性を欠いた投資戦略は偽物である可能性が高い。したがって研究者は、投資戦略のバックテストよりも、理論の開発に力を注ぐべきである。

機械学習はブラックボックスではないし、必ずしもオーバーフィットするわけでもない。機械学習ツールは、古典的な統計手法を置き換えるのではなく、補完するものである。機械学習の強みは、(1)分散の判定よりもアウトオブサンプルの予測可能性に焦点を当てていること、(2)数値計算を用いて、非現実的かもしれない仮定に依存しないようにしていること、(3)高次元空間における非線形、階層的、非連続な相互作用を含む複雑な仕様を「学習」する能力、(4)多重共線性や代替効果に対してロバストな方法で、変数探索と仕様探索を切り離す能力、などがあげられる。

1.11 練習問題

1 定量的手法は、いままで起きなかった出来事を予測できるのか？ 定量的手法でどのようにしてブラックスワンを予測できるのか？

2 金融や経済学において理論が特に重要なのはなぜか？ 金融における機械学習の最適な使い方とは？

3 ファイナンス機械学習に対してよくある誤解とは何か？ 金融のデータは機械学習の応用に十分な大きさがあるか？

4 機械学習はどのようにしてオーバーフィッティングを制御するのか？ 金融ではS/N比が低すぎて、機械学習の利用ができないのではないか？

5 古典的な手法と機械学習の手法を組み合わせた定量的アプローチについて述べよ。機械学習は大規模回帰とどう違うのか？ ファイナンス機械学習の応用例を５つあげよ。

第 2 章

ノイズ除去

2.1 はじめに

ファイナンスにおいて、共分散行列はいたるところに登場する。共分散行列を用いて、回帰の実行、リスクの推定、ポートフォリオの最適化、モンテカルロ法によるシナリオ・シミュレーション、クラスターの発見、ベクトル空間の次元削減などを実行できる。経験的（Empirical）共分散行列は、ランダムなベクトルを構成する確率変数間の線形共変動を推定するために、そのランダムなベクトルから生成される観測値系列から計算される。これらの観測値は有限であり非決定論的であるため、共分散行列の推定はある程度のノイズを含むことになる。推定されたファクターから導出される経験的共分散行列もまた、ファクターが欠陥のあるデータから推定されているため、数値的には悪条件（ill-conditioned）である。このノイズにうまく対処しないと、ノイズが共分散行列を用いて実行する計算に影響を与え、時には分析を無意味にしてしまうこともある。

本章の目的は、経験的共分散行列に含まれるノイズを減らし、シグナルを増強するための手順を説明することである。本書全体を通して、経験的共分散行列と相関行列は本章で説明する処理を受けたと仮定する。

2.2 Marcenko-Pastur定理

サイズTxNの独立同分布するランダム観測値行列Xを考えよう。観測値を生成する潜在的プロセスの平均値は0、分散はσ^2とする。行列$C=T^{-1}X'X$の固有値λは、次式で示すMarchenko-Pastur確率密度関数（PDF）に漸近的に収束する（$N\rightarrow+\infty$、$T\rightarrow+\infty$と$1<{}^{T}/_{N}<+\infty$において）ことが知られている。

$$f[\lambda]=\begin{cases}\dfrac{T}{N}\dfrac{\sqrt{(\lambda_{+}-\lambda)(\lambda-\lambda_{-})}}{2\pi\lambda\sigma^{2}} & \text{if } \lambda\in[\lambda_{-},\lambda_{+}]\\ 0 & \text{if } \lambda\notin[\lambda_{-},\lambda_{+}]\end{cases}$$

ここで固有値の期待値の最大は$\lambda_{+}=\sigma^2\left(1+\sqrt{N/T}\right)^2$、固有値の期待値の最小は$\lambda_{-}=\sigma^2\left(1-\sqrt{N/T}\right)^2$である。$\sigma^2=1$の場合、$C$は$X$の相関行列

である。スニペット２．１はpythonでMarcenko-Pastur確率密度関数を実装している。

スニペット２．１　Marcenko-Pastur確率密度関数

```
import numpy as np,pandas as pd
#---------------------------------------------------------------
def mpPDF(var,q,pts):
  #Marcenko-Pastur 確率密度変数
  #q=T/N
  eMin,eMax=var*(1-(1./q)**.5)**2,var*(1+(1./q)**.5)**2
  eVal=np.linspace(eMin,eMax,pts)
  pdf=q/(2*np.pi*var*eVal)*((eMax-eVal)*(eVal-eMin))**.5
  pdf=pd.Series(pdf,index=eVal)
  return pdf
```

固有値 $\lambda \in [\lambda_-, \lambda_+]$ はランダムな挙動に対応し、固有値 $\lambda \notin [\lambda_-, \lambda_+]$ は非ランダムな挙動に対応する。具体的には、ここでは固有値 $\lambda \in [0, \lambda_+]$ をノイズとみなす。図２．１とスニペット２．２で、Marcenko-Pastur分布がランダム行列 X の固有値に密接にフィットすることを示す。

スニペット２．２　Marcenko-Pastur定理のテスト

```
from sklearn.neighbors.kde import KernelDensity
#---------------------------------------------------------------
def getPCA(matrix):
  #エルミート行列からeVal, eVecを取得
  eVal,eVec=np.linalg.eigh(matrix)
  indices=eVal.argsort()[::-1] # eValを降順にソートする
  eVal,eVec=eVal[indices],eVec[:,indices]
  eVal=np.diagflat(eVal)
  return eVal,eVec
```

```
#-----------------------------------------------------------------
def fitKDE(obs,bWidth=.25,kernel='gaussian',x=None):
  #カーネルを観測値系列にフィットし、確率密度関数を得る
  #xはKDEのフィットを評価する値の行列
  if len(obs.shape)==1:obs=obs.reshape(-1,1)
  kde=KernelDensity(kernel=kernel,bandwidth=bWidth).fit(obs)
  if x is None:x=np.unique(obs).reshape(-1,1)
  if len(x.shape)==1:x=x.reshape(-1,1)
  logProb=kde.score_samples(x) # log(密度)
  pdf=pd.Series(np.exp(logProb),index=x.flatten())
  return pdf
#-----------------------------------------------------------------
x=np.random.normal(size=(10000,1000))
eVal0,eVec0=getPCA(np.corrcoef(x,rowvar=0))
pdf0=mpPDF(1.,q=x.shape[0]/float(x.shape[1]),pts=1000)
pdf1=fitKDE(np.diag(eVal0),bWidth=.01) # カーネル密度推定によるPDF
```

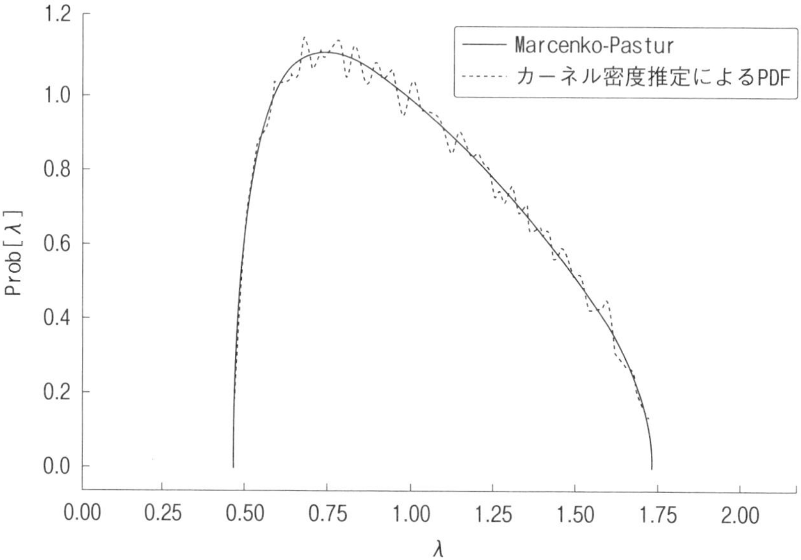

図2.1　Marcenko-Pastur定理の図示

2.3　シグナルを含むランダム行列

経験的相関行列では、すべての固有ベクトルがランダムであるとは限らない。スニペット2.3は完全にランダムではない共分散行列を作成する。したがってその固有値はMarcenko-Pastur PDFにおおむねにしかフィットしない。getRndCov関数で生成される共分散行列はnCols個のランダム変数で構成されるが、そのうちnFact個だけがなんらかのシグナルを含んでいる。シグナルをさらに希薄化するために、この共分散行列を純粋なランダム行列に重みalphaで加算している。ランダム共分散行列を構築する別の方法については、Lewandowski et al.（2009）を参照のこと。

スニペット2.3　ランダム共分散行列にシグナルを加える

```
def getRndCov(nCols,nFacts):
  w=np.random.normal(size=(nCols,nFacts))
  cov=np.dot(w,w.T) # ランダム共分散行列だが、フルランクではない
  cov+=np.diag(np.random.uniform(size=nCols)) # フルランクの共分
  散行列にする
  return cov
#------------------------------------------------------------
def cov2corr(cov):
  #共分散行列から相関行列を求める
  std=np.sqrt(np.diag(cov))
  corr=cov/np.outer(std,std)
  corr[corr<-1],corr[corr>1]=-1,1 # 数値計算エラーの補正
  return corr
#------------------------------------------------------------
alpha,nCols,nFact,q=.995,1000,100,10
cov=np.cov(np.random.normal(size=(nCols*q,nCols)),rowvar=0)
cov=alpha*cov+(1-alpha)*getRndCov(nCols,nFact) # ノイズ＋シグナル
corr0=cov2corr(cov)
```

```
eVal0,eVec0=getPCA(corr0)
```

2.4　Marcenko-Pastur分布の当てはめ

ここでは、Laloux et al.（2000）によって紹介されたアプローチに従う。分散の一部だけがランダムな固有ベクトルによって引き起こされるため、上記の式のなかでσ^2をそれに応じて調整することができる。たとえば、最大の固有値に対応する固有ベクトルがランダムではないと仮定すると、上記の式においてσ^2を$\sigma^2(1-\lambda_+/N)$に置き換えるべきである。実際には、関数$f[\lambda]$を固有値の経験分布に当てはめて、インプライドσ^2を導出することができる。これによって、相関行列中のランダムな固有ベクトルによって説明される分散が得られ、非ランダムな固有ベクトルの存在にあわせて調整されたカットオフレベルλ_+を決定できる。

スニペット２.４は、Marcenko-Pastur 確率密度関数をシグナルを含むランダムな共分散行列にフィットさせる。フィットの目的は、解析的PDFと観測された固有値のカーネル密度推定器（KDE）との間の二乗差の和を最小にするσ^2の値を見つけることである（KDEについてはRosenblatt 1956；Parzen 1962を参照）。λ_+は`eMax0`に、σ^2は`var0`に、ファクターの数は`nFacts0`に格納される。

図２.２は、フィットしたMarcenko-Pastur分布の固有値のヒストグラムとPDFをプロットしたものである。フィットしたMarcenko-Pastur分布の右側にある固有値はノイズではなくシグナルに対応している。このコードは、共分散行列に注入したファクターの数と同じ数の100を`nFacts0`に返す。共分散行列に含まれるシグナルは弱いが、この手法によってノイズに対応する固有値をシグナルに対応する固有値から分離することができた。フィットした分布は$\sigma^2\approx.6768$であることを示し、分散の約32.32％だけがシグナルに起因することを示している。以上が、裁定圧力の結果として低いことが知られている金融データにおけるS/N比を測定する１つの方法である。

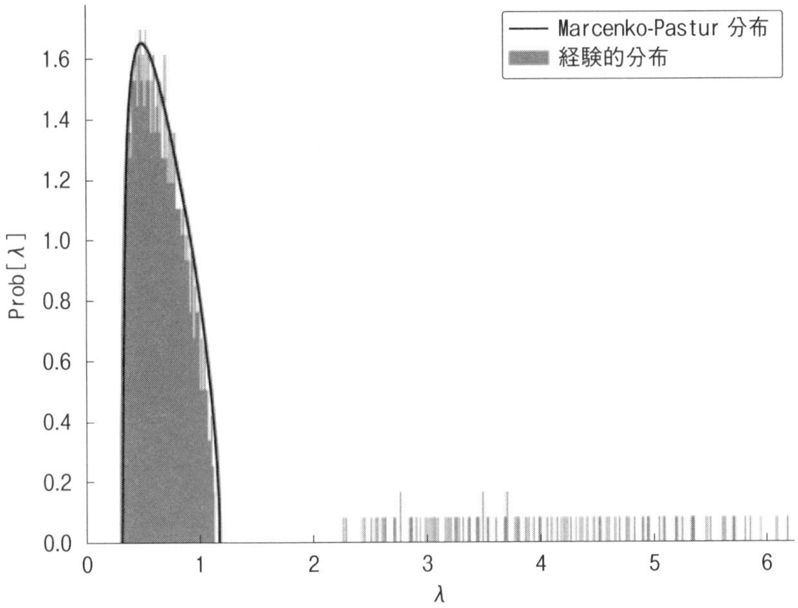

図2.2　ノイズのある共分散行列にMarcenko-Pastur　PDFをフィットさせる

スニペット2.4　Marcenko-Pastur PDFの当てはめ

```
from scipy.optimize import minimize
#---------------------------------------------------------------
def errPDFs(var,eVal,q,bWidth,pts=1000):
  #フィットの誤差を計算
  pdf0=mpPDF(var,q,pts) # 理論的PDF
  pdf1=fitKDE(eVal,bWidth,x=pdf0.index.values) # 経験的PDF
  sse=np.sum((pdf1-pdf0)**2)
  return sse
#---------------------------------------------------------------
def findMaxEval(eVal,q,bWidth):
  # Marcenko分布を当てはめeValの最大値を見つける
```

```
    out=minimize(lambda *x:errPDFs(*x),.5,args=(eVal,q,bWidth),
      bounds=((1E-5,1-1E-5),))
    if out['success']:var=out['x'][0]
    else:var=1
    eMax=var*(1+(1./q)**.5)**2
    return eMax,var
#---------------------------------------------------------------
eMax0,var0=findMaxEval(np.diag(eVal0),q,bWidth=.01)
nFacts0=eVal0.shape[0]-np.diag(eVal0)[::-1].searchsorted(eMax0)
```

2.5 ノイズ除去

金融においては、数値的に悪条件の共分散行列をシュリンクさせることが一般的である（Ledoit and Wolf 2004）。シュリンケージは、共分散行列を対角行列に近づけることで、共分散行列の条件数を減少させる。しかしその際にはシグナルとノイズを区別しない。その結果、シュリンケージによってすでに弱いシグナルをさらに除去してしまうことになる。

前節では、ノイズ成分に対応する固有値とシグナル成分に対応する固有値を判別する方法を検討した。本節では、この情報を用いて相関行列のノイズ除去をする方法について説明する。

2.5.1 Constant Residual Eigenvalue Method（定残余固有値法）

このアプローチは、すべてのランダム固有ベクトルに定数の固有値を設定するものである。$\{\lambda_n\}_{n=1,\dots,N}$を降順に並べたすべての固有値の集合、$i$を$\lambda_i > \lambda_+$かつ$\lambda_{i+1} \le \lambda_+$を満たすような固有値の位置とする。次に、$\lambda_j = 1/(N-i)\sum_{k=i+1}^{N} \lambda_k, J = i+1, \dots, N,$ と、相関行列のトレースを保存しつつ固有値を補正する。固有値分解$VW=W\Lambda$をもとに、次のようにノイズ除去された相関行列C_1を生成する。

$$\tilde{C}_1 = W\tilde{\Lambda}W'$$

$$C_1 = \tilde{C}_1 \left[\left(\mathrm{diag}\left[\tilde{C}_1\right]\right)^{\frac{1}{2}}\left(\mathrm{diag}\left[\tilde{C}_1\right]\right)^{\frac{1'}{2}}\right]^{-1}$$

ここで$\tilde{\Lambda}$は補正された固有値を対角成分にもつ対角行列、アポストロフィ（′）は行列の転置、diag[.]は正方行列のすべての非対角要素をゼロにする演算子である。２番目の変形を行う理由は、行列C_1の主対角線が１の配列になるように、行列$\tilde{C}_1$のスケールを変更するためである。スニペット２．５でこの手法を実装している。図２．３は、本手法によるノイズ除去前後の固有値の対数を比較したものである。

スニペット２．５　定残余固有値法によるノイズ除去

```
de fdenoisedCorr(eVal,eVec,nFacts):
  #ランダム固有値の値を統一して相関行列からノイズを除去
  eVal_=np.diag(eVal).copy()
  eVal_[nFacts:]=eVal_[nFacts:].sum()/float(eVal_.shape[0]
  -nFacts)
  eVal_=np.diag(eVal_)
  corr1=np.dot(eVec,eVal_).dot(eVec.T)
  corr1=cov2corr(corr1)
  return corr1
#---------------------------------------------------------------
corr1=denoisedCorr(eVal0,eVec0,nFacts0)
eVal1,eVec1=getPCA(corr1)
```

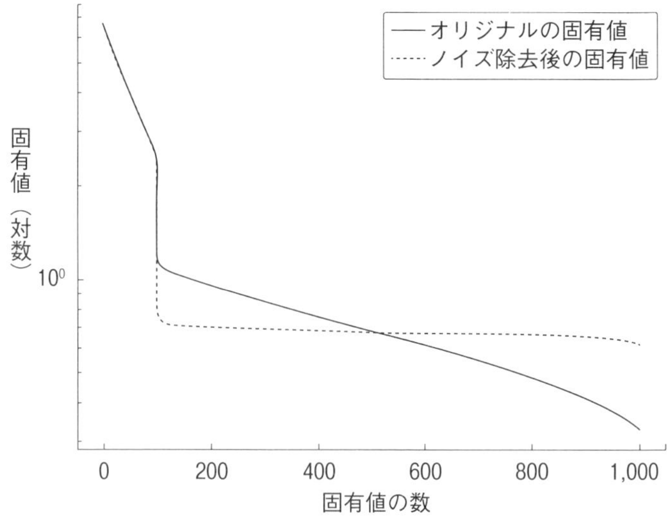

図２．３　定残余固有値法の適用前後の固有値の比較

2.5.2　ターゲット・シュリンケージ法

前述の数値的手法は、シグナルを保存しつつノイズを除去するため、シュリンケージよりも好ましい。別の方法として、シュリンケージの対象をランダムな固有ベクトルに限定することも可能である。次の相関行列 C_1 を考える。

$$C_1 = W_L \Lambda_L W'_L + \alpha W_R \Lambda_R W'_R + (1-\alpha)\mathrm{diag}[W_R \Lambda_R W'_R],$$

ここで、W_RとΛ_Rは $\{n|\lambda_n \leq \lambda_+\}$ に対応する固有ベクトルと固有値、W_LとΛ_Lは $\{n|\lambda_n > \lambda_+\}$ に対応する固有ベクトルと固有値であり、α はノイズに対応する固有ベクトルと固有値のシュリンケージ度合いを規定する（全シュリンクの場合は$\alpha \to 0$）。スニペット２．６はこの方法を実装している。図２．４は、本手法によるノイズ除去前後の固有値の対数を比較したものである。

スニペット２．６　ターゲット・シュリンケージ法によるノイズ除去

```
def denoisedCorr2(eVal,eVec,nFacts,alpha=0):
```

```
  #ターゲット・シュリンケージにより相関行列からノイズを除去
  eValL,eVecL=eVal[:nFacts,:nFacts],eVec[:,:nFacts]
  eValR,eVecR=eVal[nFacts:,nFacts:],eVec[:,nFacts:]
  corr0=np.dot(eVecL,eValL).dot(eVecL.T)
  corr1=np.dot(eVecR,eValR).dot(eVecR.T)
  corr2=corr0+alpha*corr1+(1-alpha)*np.diag(np.diag(corr1))
  return corr2
#---------------------------------------------------------------
corr1=denoisedCorr2(eVal0,eVec0,nFacts0,alpha=.5)
eVal1,eVec1=getPCA(corr1)
```

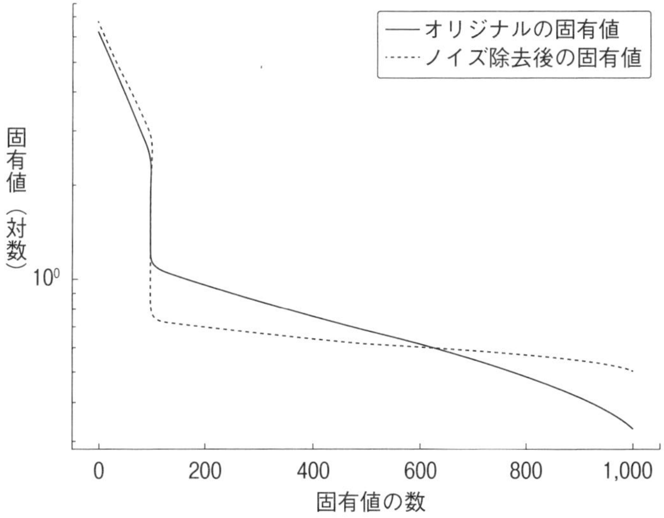

図２．４　ターゲット・シュリンケージ法の適用前後の固有値の比較

2.6　デトーニング（detoning）

金融データの相関行列には通常、市場成分が含まれている。市場成分は第

一固有値であり、$W_{n,1} \approx N^{-\frac{1}{2}}, n=1, \ldots, N$ である。したがって、市場成分は共分散行列の各成分に影響を与える。クラスタリングの観点では、市場成分が存在する場合（この仮説は統計的に検定できる）、市場成分を除去することが有用である。その理由は、市場成分が強い相関行列をクラスタリングすることは、アルゴリズムがクラスター間の非類似性を見つけるのに苦労するため、よりむずかしいからである。市場成分を除去することにより、相関関係のより大きな部分が、証券の特定のサブセットに影響を与える成分によって説明できるようになる。これは、他の音が聞こえなくなるような大きな音（トーン）を取り除くのと似ている。デトーニング（detoning）は、回帰分析におけるベータ調整後（または市場調整後）リターンの計算の、主成分分析における類似概念といえる。

以下のように、ノイズ除去された相関行列 C_1 から市場成分を除去して、デトーニングされた相関行列を形成することができる。

$$\widetilde{C}_2 = C_1 - W_M \Lambda_M W'_M = W_D \Lambda_D W'_D$$

$$C_2 = \widetilde{C}_2 \left[\left(\mathrm{diag}\left[\widetilde{C}_2 \right] \right)^{1/2} \left(\mathrm{diag}\left[\widetilde{C}_2 \right] \right)^{1/2\,\prime} \right]^{-1}$$

ここで、W_M と Λ_M は市場成分に対応する固有ベクトルと固有値（通常は１つだが場合によってはそれ以上）であり、W_D と Λ_D は、非市場成分に対応する固有ベクトルと固有値である。

デトーニングされた相関行列は、（少なくとも１つの）固有ベクトルを除去した結果、特異行列となる。クラスタリングにおいては多くのアプローチで相関行列の逆行列を必要としないので、これは問題ではない。しかし、デトーニングされた相関行列 C_2 は、平均分散ポートフォリオ最適化に直接使用することはできない。そのかわりに、選択された（非ゼロの）主成分上でポートフォリオを最適化し、得られた最適な配分 f^* をもとの基底にマッピングすることができる。もとの基底での最適配分は以下のとおりである。

$$\omega^* = W_+ f^*$$

ここで W_+ は、デトーニング処理を生き残った固有ベクトル（すなわち、ヌルでない固有値をもつ）のみを含み、f^* はこれらの成分への最適配分のベクトルである。

2.7　実験結果

ノイズ除去およびデトーニングされた共分散行列を扱うことには大きなメリットがある。このメリットは処理された行列の数学的性質に起因するものであり、モンテカルロ実験によって評価することができる。本節では、効率的フロンティアの2つの特徴的なポートフォリオ、つまり最小分散ポートフォリオと最大シャープレシオポートフォリオについて議論する。というのも、制約のない効率的フロンティアのどの点も、2つの組合せとして導出できるからである。

2.7.1　最小分散ポートフォリオ

本節では、ノイズ除去の有無のもとで最小分散ポートフォリオの推定に関連する誤差を計算する。スニペット2.7は、各ブロック内の非対角成分が0.5の相関をもつサイズ50のブロック10個から、平均値ベクトルと共分散行列を生成する。この共分散行列は、各ブロックが業種セクターに対応するS&P500の真の（経験的でない）デトーニング相関行列を模式化したものである。一般性を損なうことなく、分散は5％から20％の範囲の一様分布から抽出され、平均値ベクトルは、共分散行列の標準偏差に等しい平均と標準偏差をもつ正規分布から抽出されたものである。これは、効率的な市場では、すべての証券が等しい期待シャープレシオをもっているという考え方と一致している。異なるパラメータでの実行結果の比較を容易にするために、シードを固定している。

スニペット2.7　ブロック対角共分散行列と平均ベクトルを生成

```
def formBlockMatrix(nBlocks,bSize,bCorr):
  block=np.ones((bSize,bSize))*bCorr
  block[range(bSize),range(bSize)]=1
  corr=block_diag(*([block]*nBlocks))
  return corr
#---------------------------------------------------------------
```

```
def formTrueMatrix(nBlocks,bSize,bCorr):
  corr0=formBlockMatrix(nBlocks,bSize,bCorr)
  corr0=pd.DataFrame(corr0)
  cols=corr0.columns.tolist()
  np.random.shuffle(cols)
  corr0=corr0[cols].loc[cols].copy(deep=True)
  std0=np.random.uniform(.05,.2,corr0.shape[0])
  cov0=corr2cov(corr0,std0)
  mu0=np.random.normal(std0,std0,cov0.shape[0]).reshape(-1,1)
  return mu0,cov0
#-------------------------------------------------------------------
from scipy.linalg import block_diag
from sklearn.covariance import LedoitWolf
nBlocks,bSize,bCorr=10,50,.5
np.random.seed(0)
mu0,cov0=formTrueMatrix(nBlocks,bSize,bCorr)
```

スニペット2.8は、上記の真の（経験的でない）共分散行列を用いてサイズTxNのランダム行列Xを生成し、それに対応する経験的共分散行列と平均値ベクトルを導出する。関数simCovMuはTの値を規定する引数nObsを受け取る。shrink=Trueとすると、この関数は経験的共分散行列にLedoit-Wolfシュリンケージを実行する。

スニペット2.8　経験的共分散行列を生成

```
def simCovMu(mu0,cov0,nObs,shrink=False):
  x=np.random.multivariate_normal(mu0.flatten(),cov0,size=nObs)
  mu1=x.mean(axis=0).reshape(-1,1)
  if shrink:cov1=LedoitWolf().fit(x).covariance_
  else:cov1=np.cov(x,rowvar=0)
  return mu1,cov1
```

スニペット2.9は、本章で説明した方法を適用して、経験的共分散行列をノイズ除去する。ここでは定残余固有値法を用いてノイズ除去を行う。

スニペット2.9　経験的共分散行列のノイズ除去

```
def corr2cov(corr,std):
  cov=corr*np.outer(std,std)
  return cov
#------------------------------------------------------------
def deNoiseCov(cov0,q,bWidth):
  corr0=cov2corr(cov0)
  eVal0,eVec0=getPCA(corr0)
  eMax0,var0=findMaxEval(np.diag(eVal0),q,bWidth)
  nFacts0=eVal0.shape[0]-np.diag(eVal0)[::-1].
  searchsorted(eMax0)
  corr1=denoisedCorr(eVal0,eVec0,nFacts0)
  cov1=corr2cov(corr1,np.diag(cov0)**.5)
  return cov1
```

スニペット2.10は、以下の1,000回のモンテカルロ実験を実行する。(1) T=1,000のランダムな経験的共分散行列（シュリンケージはオプション）を作成する、(2)経験的共分散行列をノイズ除去する（オプション）、(3)関数optPortを用いて最小分散ポートフォリオを導出する。引数shrink=Trueを関数simCovMuに渡すと、共分散行列はシュリンクされる。パラメータbWidth>0の場合、最小分散ポートフォリオを推定する前に共分散行列はノイズ除去される[8]。乱数のシードを恣意的に設定しているので、ノイズ除去のありなしで同じ共分散行列に対してこのモンテカルロ実験を実行することができる。

8　bWidthの最適値のクロスバリデーションによる推定を練習問題7とする。

スニペット 2.10　経験的共分散行列のノイズ除去

```
def optPort(cov,mu=None):
  inv=np.linalg.inv(cov)
  ones=np.ones(shape=(inv.shape[0],1))
  if mu is None:mu=ones
  w=np.dot(inv,mu)
  w/=np.dot(ones.T,w)
  return w
#-------------------------------------------------------------
nObs,nTrials,bWidth,shrink,minVarPortf=1000,1000,.01,False,True
w1=pd.DataFrame(columns=xrange(cov0.shape[0]),
                index=xrange(nTrials),dtype=float)
w1_d=w1.copy(deep=True)
np.random.seed(0)
for i in range(nTrials):
  mu1,cov1=simCovMu(mu0,cov0,nObs,shrink=shrink)
  if minVarPortf:mu1=None
  cov1_d=deNoiseCov(cov1,nObs*1./cov1.shape[1],bWidth)
  w1.loc[i]=optPort(cov1,mu1).flatten()
  w1_d.loc[i]=optPort(cov1_d,mu1).flatten()
```

スニペット 2.11では、真の共分散行列から導き出された真の最小分散ポートフォリオを計算する。この配分をベンチマークとして、ノイズ除去の有無それぞれに対し、ポートフォリオウェイトの二乗平均平方根誤差（RMSE）を計算する。スニペット 2.11をシュリンケージの有無それぞれに実行することで、図 2.5 に示す 4 つの組合せを得ることができる。ノイズ除去はシュリンケージよりもはるかに効果的である。ノイズ除去された最小分散ポートフォリオでは、ノイズ除去しない最小分散ポートフォリオで発生したRMSEの40.15%しか発生しない。つまりノイズ除去処理だけで59.85%

	ノイズ除去なし	ノイズ除去あり
シュリンケージなし	4.95E－03	1.99E－03
シュリンケージあり	3.45E－03	1.70E－03

図2.5　ノイズ除去とシュリンケージのRMSE（最小分散ポートフォリオ）

のRMSEの削減となり、Ledoit-Wolfのシュリンケージを適用した場合の30.22%の削減に比べて効果が高い。シュリンケージは、ノイズ除去の効果以上の効果はほとんどない。ノイズ除去とシュリンケージを組み合わせた場合のRMSEの削減率は65.63%で、これはノイズ除去のみを施した場合から大きく向上しているとはいえない。

スニペット2.11　RMSE（二乗平均平方根誤差）

```
w0=optPort(cov0,None if minVarPortf else mu0)
w0=np.repeat(w0.T,w1.shape[0],axis=0)
rmsd=np.mean((w1-w0).values.flatten()**2)**.5 # RMSE
rmsd_d=np.mean((w1_d-w0).values.flatten()**2)**.5 # RMSE
print rmsd,rmsd_d
```

2.7.2　最大シャープレシオポートフォリオ

最大シャープレシオポートフォリオの推定を対象として、前節の実験を繰り返してみよう。そのためには、スニペット2.10で`minVarPortf=False`を設定する。図2.6は、ここでも、ノイズ除去のほうがシュリンケージよりもはるかに効果的であることを示している。ノイズ除去された最大シャープレシオポートフォリオは、ノイズ除去なしの最大シャープレシオポートフォリオで発生するRMSEの0.04%しか発生しない。Ledoit-Wolfシュリンケージを使用した場合には70.77%の削減であったのに対し、ノイズ除去だけでは94.44%のRMSEの削減になる。シュリンケージは、ノイズ除去を行わない場合にはある程度有効だが、ノイズ除去と組み合わせた場合には何のメ

	ノイズ除去なし	ノイズ除去あり
シュリンケージなし	9.48E−01	5.27E−02
シュリンケージあり	2.77E−01	5.17E−02

図2.6　ノイズ除去とシュリンケージのRMSE（最大シャープレシオポートフォリオ）

リットももたらさない。これは、シュリンケージはノイズを希薄化するが、シグナルの一部も希薄化してしまうからである。

2.8 結　論

金融データの経験的共分散行列は、少数の独立観測値で多数のパラメータを推定する結果として、しばしば数値的に悪条件となる。したがって、前処理せずに共分散行列を直接扱うことは推奨されない。共分散行列が非特異であり逆行列計算が可能であっても、行列式が小さいため、逆行列プロセスによって推定誤差が大きく拡大されることがほぼ保証されてしまう。こうした推定誤差は、不必要なリバランスによる資産の誤配分と取引コストの原因となる。

Marcenko-Pastur定理から、ランダム行列に対応する固有値の分布が得られる。この分布を当てはめることで、シグナルに対応する固有値とノイズに対応する固有値を区別することができる。ノイズに対応する固有値を調整することにより、シグナルを希薄化することなく行列の悪条件を補正することができる。このランダム行列理論アプローチは一般的に、(1)ノイズによって引き起こされる分散の真の量に関係なく、一定量の分散を共同で説明するいくつかの成分を選択する閾値法（Jolliffe 2002, 113）、および(2)シグナルの多くを希釈する代償としてノイズの一部を取り除くことができるシュリンケージ法（Ledoit and Wolf 2004）よりも好ましい。

相関行列の条件数は、その最大固有値と最小固有値（絶対値で）の比であることを思い出そう。ノイズ除去は、最小の固有値を増加させることで条件数を減らすものである。さらに、最大の固有値を減少させることで条件数を減らすこともできる。これは数学的にも直観的にも理にかなっている。相関行列に存在する市場成分を除去することで、市場の“トーン”の下に隠れているより微妙なシグナルを強化することができる。たとえば、株式リターンの相関行列をクラスタリングする場合、その行列をデトーニングすることで、セクター、インダストリー、サイズなどの他のエクスポージャーに関連するシグナルを増幅させることができる。

本章ではポートフォリオ最適化におけるノイズ除去の有用性を実証したが、その応用は共分散行列のあらゆる使用例にも及ぶ。たとえば、行列$X'X$の逆行列を求める前に$X'X$をノイズ除去することで、回帰推定値の分散を減らし、統計的仮説検定の検定力を向上することができる。同じ理由で、回帰ファクターから導かれる共分散行列（ファクターベースの共分散行列）にもノイズ除去が必要であり、数値処理なしでは使用すべきではない。

2.9　練習問題

1　2.6節で解説したデトーニング法をpythonで実装せよ。

2　株式リターン系列の行列を用いて、

　a　共分散行列を計算せよ。相関行列の条件数はいくつか？

　b　平均10%、標準偏差10%の正規分布から期待リターンベクトルを100個抽出して、100個の効率的フロンティアを計算せよ。

　c　平均効率的フロンティアに対する誤差の分散を計算せよ。

3　100個の効率的フロンティアを計算する前に、共分散行列をノイズ除去しよう。

　a　Marcenko-Pastur分布が示すσ^2の値はいくつか？

　b　ランダム成分に対応する固有値はいくつあるか？

　c　誤差の分散は有意に高いか低いか？　その理由は？

4　100個の効率的なフロンティアを計算する前に、共分散行列にLedoit-Wolfシュリンケージ（ノイズ除去のかわりに）を適用し、問題2を繰り返そう。誤差の分散は有意に高くなったか、低くなったか？　その理由は？

5　効率的なフロンティアを100個計算する前に、今度は共分散行列をデトーニングせよ。誤差の分散は有意に高くなったか、低くなったか？　その理由は？

6　固有値がある閾値を下回る成分を削除するとどうなるか？　それでも効率的フロンティアを計算できるだろうか？　どのようにして？

7　スニペット２.２の関数fitKDEを拡張して、bWidthの最適値をクロスバリデーションで推定するように改良せよ。

第3章

距離測度

3.1　はじめに

第２章では、経験的相関行列（そしてその拡張としての共分散行列）の重要な数値的性質を研究した。相関行列にはさまざまな効能があるが、共依存性の測度としてはいくつかの重大な限界がある。本章では、インターネット、携帯電話、ファイル圧縮、ビデオストリーミング、暗号化など、現代の多くの驚異の根底にある情報理論の概念をレビューすることにより、これらの限界を克服することを試みる。もし研究者が共依存性を理解するために相関関係以上の測度に目を向けなければ、これらの発明は実現しなかったであろう。

実は、情報理論一般、特にシャノンのエントロピーの概念は、金融分野でも有益であることがわかった。エントロピーの背後にある重要な考え方は、確率変数の不確実性の量を定量化することである。機械学習アルゴリズムの主な目的は問題解決にかかわる不確実性の量を減らすことであるため、情報理論は機械学習にとっても重要である。本章では、(1)決定木学習における目的関数の定義、(2)分類問題における損失関数の定義、(3)２つの確率変数間の距離の評価、(4)クラスターの比較、(5)特徴量の選択 など、機械学習のさまざまな場面で使用される概念をレビューする。

3.2　相関に基づく測度

相関は、線形共依存性の有用な尺度である。相関行列をノイズ除去しデトーニングすると、システムの重要な構造的情報を明らかにすることができる。たとえば、相関関係を利用して、相互に関連性の高い証券のクラスターを識別することができる。しかしそれを行う前に、ある技術的な問題に対処する必要がある。相関は非負性と三角不等式条件を満たさないため、距離ではないというものである。距離が重要なのは、集合上に直観的なトポロジーを導入するからである。この直観的なトポロジーなしに、共依存性の非距離的な測定値を比較すると、一貫性のない結果をもたらす可能性がある。たとえば、相関の差は（0.9, 1.0）と（0.1, 0.2）ではどちらも同じだが、共依存性の点では前者のほうが大きな差がみられるのである。

サイズTのランダムなベクトルX,Yがあるとき、$\sigma[X,Y]=\rho[X,Y]\sigma[X]\sigma[Y]$が成り立つことを唯一の要件とする相関推定値$\rho[X,Y]$を考えよう。ここで$\sigma[X,Y]$は2つのベクトル間の共分散、$\sigma[.]$は標準偏差である。ピアソンの相関は、この要件を満たすいくつかの相関推定値のうちの1つである。このとき、測度$d_\rho[X,Y]=\sqrt{1/2(1-\rho[X,Y])}$は距離測度となる。

これを証明するために、まず2つのベクトル間のユークリッド距離が$d[X,Y]=\sqrt{\sum_{t=1}^{T}(X_t-Y_t)^2}$であることを思い出そう。次に、これらのベクトルを$x=(X-\overline{X})/\sigma[X]$、$y=(Y-\overline{Y})/\sigma[Y]$として$z$標準化する。ここで$\overline{X}$は$X$の平均、$\overline{Y}$は$Y$の平均である。したがって$\rho[x,y]=\rho[X,Y]$である。第三に、ユークリッド距離$d[x,y]$を次のように導出する。

$$
\begin{aligned}
d[x,y] &= \sqrt{\sum_{t=1}^{T}(x_t-y_t)^2} \\
&= \sqrt{\sum_{t=1}^{T}x_t^2+\sum_{t=1}^{T}y_t^2-2\sum_{t=1}^{T}x_t y_t} = \sqrt{T+T-2T\sigma[x,y]} \\
&= \sqrt{2T\left(1-\underbrace{\rho[x,y]}_{=\rho[X,Y]}\right)} = \sqrt{4T}d_\rho[X,Y]
\end{aligned}
$$

これは、$d_\rho[X,Y]$がz標準化後のベクトル$\{X,Y\}$間のユークリッド距離（$d[x,y]$）の線形倍数であり、ユークリッド距離の真の距離特性を継承していることを意味している。

$\rho[X,Y]\in[-1,1]$なので、距離$d[x,y]$は正規化されている、すなわち$d_\rho[X,Y]\in[0,1]$という性質がある。もう1つの性質は、相関が正の2つの確率変数よりも相関が負の2つの確率変数のほうが、相関係数の絶対値に関係なく、より距離が遠いとみなされることである。この性質は多くの場合理にかなう。たとえば、ロングオンリー・ポートフォリオを構築する場合には、負の相関関係にある証券はリスクを相殺するので、分散の観点では別の

証券として扱う（距離が遠い）べきである。対照的にロングショート・ポートフォリオの場合は、負の相関性が高い証券を類似したもの（距離が近い）とみなすことが多いが、これはポジションの符号によって相関の符号をオーバーライドすることが可能だからである。このような場合には、別の正規化された相関ベースの距離測度$d_{|\rho|}[X,Y]=\sqrt{1-|\rho[X,Y]|}$を定義することができる。

同様に、$d_{|\rho|}[X,Y]$は商群$Z/2Z$上で真の距離となることを証明することができる。そのために、$0\leq\rho[x,y]=|\rho[X,Y]|$を満たすように、$y=(Y-\bar{Y})/\sigma[Y]\mathrm{sgn}[\rho[X,Y]]$と再定義する。ここでsgn[.]は符号演算子である。すると、先ほどと同じ議論により、

$$d[x,y]=\sqrt{2T\left(1-\underbrace{\rho[x,y]}_{=|\rho[X,Y]|}\right)}=\sqrt{2T}d_{|\rho|}[X,Y]$$

となる。

3.3　周辺エントロピーと結合エントロピー

相関の概念には、3つの重要な注意点がある。第一に、相関は2つの確率変数の間の線形共依存性を定量化するもので、非線形関係を無視することである。第二に、相関は外れ値の影響を強く受ける。第三に、多変量正規分布以外での応用には疑問がある。任意の2つの実変数間の相関を計算することは可能だが、その相関係数は、2つの変数が二変量正規分布に従わない限り、典型的には無意味である。以下ではこれらの注意点を克服するような、情報理論に基づく概念を導入しよう。

Xを、集合S_Xから確率$p[x]$で値xをとる離散確率変数とする。このときXのエントロピーは次式で定義される。

$$H[X]=-\sum_{x\in S_X}p[x]\log[p[x]]$$

本章を通して$0\log[0]=0$とするが、これは$\lim_{p\to 0^+}p\log[p]=0$であること

による。値$1/p[x]$ は観測値がどれだけ驚くべきものかを測定するが、それは驚くべき観測値は低い確率をもつからである。エントロピーはこうした驚きの期待値であり、$\log[.]$ 関数は、$p[x]$ が$1/p[x]$ を打ち消すことを防ぎ、エントロピーに望ましい数学的性質を与える。したがって、エントロピーは確率変数Xの不確かさの尺度として解釈することができる。エントロピーは、Xが一様に分布しているとき、つまり$p[x]=1/\|S_X\|$、$\forall x \in S_X$のとき、最大値$\log[\|SX\|]$ をとる。

Yを、集合S_Yから確率$p[y]$ で値yをとる離散確率変数とする。確率変数XとYは同じ確率空間上で定義されている必要はない。XとYの結合エントロピーは次式で定義される。

$$H[X,Y] = -\sum_{x,y \in S_X \times S_Y} p[x,y] \log[p[x,y]]$$

ここで、$H[X,Y]=H[Y,X]$、$H[X,X]=H[X]$、$H[X,Y] \geq \max\{H[X],H[Y]\}$、$H[X,Y] \leq H[X]+H[Y]$ である。

シャノンのエントロピーは離散確率変数に対してのみ有限であることを認識することが重要である。連続変数の場合は、limiting density of discrete points（LDDP）を使用するか、３．９節で説明するように確率変数を離散化する必要がある（Jaynes 2003）。

3.4 条件付きエントロピー

Yが与えられた場合のXの条件付きエントロピーは次のように定義される。

$$H[X|Y] = H[X,Y] - H[Y] = -\sum_{y \in S_Y} p[y] \sum_{x \in S_X} p[x|Y=y] \log[p[x|Y=y]]$$

ここで、$p[x|Y=y]$ は、Yがyの値をとったことを条件とした際、Xがxの値をとる確率である。この定義に従うと、$H[X|Y]$ は、Yの値がわかっている場合のXの期待不確実性である。したがって$H[X|X]=0$ および$H[X] \geq H[X|Y]$ となる。

3.5 Kullback-Leibler情報量

pとqを同じ確率空間上で定義された２つの離散確率分布とする。pとqの間の Kullback-Leibler（KL）情報量（Divergence）は次式で定義される。

$$D_{KL}[p \parallel q] = -\sum_{x \in S_X} p[x]\log\left[\frac{q[x]}{p[x]}\right] = \sum_{x \in S_X} p[x]\log\left[\frac{p[x]}{q[x]}\right]$$

直観的には、この式はpが参照分布qからどれだけ離れているかを測定する。KL情報量は距離ではない。常に非負ではあるが（$D_{KL}[p\|q] \geq 0$）、対称性（$D_{KL}[p\|q] \neq D_{KL}[q\|p]$）と三角不等式の条件に違反しているからである。２つの確率変数が必ずしも同じ確率空間に存在しているとは限らない、という結合エントロピーの定義との違いに注意しよう。KL情報量は変分推論で広く使われている。

3.6 クロスエントロピー

pとqを同じ確率空間上で定義された２つの離散確率分布とする。pとqのクロスエントロピーは次式で定義される。

$$H_C[p \parallel q] = -\sum_{x \in S_X} p[x]\log[q[x]] = H[X] + D_{KL}[p||q]$$

クロスエントロピーは、真の分布pではなく誤った分布qを用いて情報量を評価する際のXの不確実性と解釈することができる。クロスエントロピーは分類問題でよく使われるスコアリング関数であり、金融分野では特に意味のあるものである（López de Prado 2018aの９．４節を参照）。

3.7 相互情報量（Mutual Information）

相互情報量は、Yの値を知ることで得られるXの不確実性の減少（または情報ゲイン）として、次式のように定義される。

$$
\begin{aligned}
I[X,Y] = H[X] - H[X|Y] = H[X] + H[Y] - H[X,Y]& \\
= \sum_{x \in S_X} \sum_{y \in S_Y} p[x,y] \log \left[\frac{p[x,y]}{p[x]p[y]} \right]& \\
= D_{KL}[p[x,y] \,\|\, p[x]p[y]] = \sum_{y \in S_Y} p[y] \sum_{x \in S_X} p[x|y] \log \left[\frac{p[x|y]}{p[x]} \right]& \\
= \mathrm{E}_Y[D_{KL}[p[x|y] \,\|\, p[x]]] = \sum_{x \in S_X} p[x] \sum_{y \in S_Y} p[y|x] \log \left[\frac{p[y|x]}{p[y]} \right]& \\
= \mathrm{E}_X[D_{KL}[p[y|x] \,\|\, p[y]]]&
\end{aligned}
$$

以上のことから、$I[X,Y] \geq 0$、$I[X,Y] = I[Y,X]$、$I[X,X] = H[X]$ であることがわかる。XとYが独立しているとき、$p[x,y] = p[x]p[y]$なので、$I[X,Y] = 0$となる。上限は$I[X,Y] \leq \min\{H[X], H[Y]\}$ で与えられる。相互情報量は三角不等式を満たさない$I[X,Z] \not\leq I[X,Y] + I[Y,Z]$ ので、距離ではない。相互情報量の重要な属性は、次式で示されるグルーピング性である。

$$
I[X,Y,Z] = I[X,Y] + I[(X,Y),Z]
$$

ここで (X,Y) はXとYの同時分布を表す。X,Y,Zはそれ自体が同時分布を表すことができるので、上記の性質を利用して相互情報量をより単純な構成要素に分解することができる。これにより、相互情報量は凝集型クラスタリングアルゴリズムやフォワード特徴量選択において有用な類似度指標となる。

スニペット３.１は、等しいサイズの２つの配列xとyがあり、それらが次元ごとにbins個に分割された規則的なグリッドに離散化されているとき、周辺エントロピー、結合エントロピー、条件付きエントロピー、相互情報量を計算する。

スニペット３.１　周辺、結合、条件付きエントロピー、相互情報量

```
import numpy as np,scipy.stats as ss
from sklearn.metrics import mutual_info_score
cXY=np.histogram2d(x,y,bins)[0]
hX=ss.entropy(np.histogram(x,bins)[0]) # 周辺エントロピー
```

```
hY=ss.entropy(np.histogram(y,bins)[0]) # 周辺エントロピー
iXY=mutual_info_score(None,None,contingency=cXY)
iXYn=iXY/min(hX,hY) # 正規化された相互情報量
hXY=hX+hY-iXY # 結合エントロピー
hX_Y=hXY-hY # 条件付きエントロピー
hY_X=hXY-hX # 条件付きエントロピー
```

3.8 Variation of Information（VI）

Variation of Information（VI）は、次式で定義される。

$$
\begin{aligned}
VI[X,Y] &= H[X|Y] + H[Y|X] = H[X] + H[Y] - 2I[X,Y] \\
&= 2H[X,Y] - H[X] - H[Y] = H[X,Y] - I[X,Y]
\end{aligned}
$$

この測度は、１つの確率変数の値が与えられたときの、もう１つの確率変数の値に期待される不確実性と解釈できる。下限は$VI[X,Y] = 0 \Leftrightarrow X = Y$であり、上限は$VI[X,Y] \leq H[X,Y]$である。$VI$は、３つの距離の公理つまり⑴非負性$VI[X,Y] \geq 0$、⑵対称性$VI[X,Y] = VI[Y,X]$、⑶三角不等式$VI[X,Z] \leq VI[X,Y] + VI[Y,Z]$を満たすので、距離である。

$H[X,Y]$がS_XとS_Yのサイズの関数であるため、$VI[X,Y]$の上限は有限ではない。これは異なる母集団サイズ間のVIを比較したい場合に問題となる。次の量は、すべての組（X,Y）について０と１の間の値をとるよう正規化した距離測度である。

$$
\widetilde{VI}[X,Y] = \frac{VI[X,Y]}{H[X,Y]} = 1 - \frac{I[X,Y]}{H[X,Y]}
$$

Kraskov et al.（2008）によると、より上限が制限された距離測度は次式で与えられる。

$$
\widetilde{\widetilde{VI}}[X,Y] = \frac{\max\{H[X|Y], H[Y|X]\}}{\max\{H[X], H[Y]\}} = 1 - \frac{I[X,Y]}{\max\{H[X], H[Y]\}}
$$

ここですべてのペア（X,Y）について$\widetilde{\widetilde{VI}}[X,Y] \leq \widetilde{VI}[X,Y]$である。前の例にならい、スニペット３．２では、相互情報量、VI、正規化されたVIを計算

している[9]。

まとめとして、図3.1にこれらの概念がどのように相互に関連しているかを視覚的に表現する。

スニペット3.2　相互情報量、VI、正規化されたVI

```
import numpy as np,scipy.stats as ss from sklearn.metrics
import mutual_info_score
#---------------------------------------------------------------
def varInfo(x,y,bins,norm=False):
  #情報バリエーション
  cXY=np.histogram2d(x,y,bins)[0]
  iXY=mutual_info_score(None,None,contingency=cXY)
  hX=ss.entropy(np.histogram(x,bins)[0]) # 周辺エントロピー
  hY=ss.entropy(np.histogram(y,bins)[0]) # 周辺エントロピー
  vXY=hX+hY-2*iXY # VI
  if norm:
    hXY=hX+hY-iXY # 結合エントロピー
    vXY/=hXY # 正規化されたVI
  return vXY
```

9　https://pypi.org/project/pyitlib/も参照のこと。

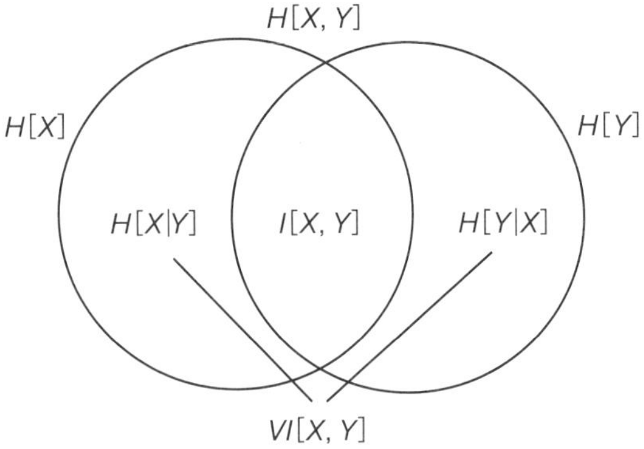

図３．１　結合エントロピー、周辺エントロピー、条件付きエントロピー、相互情報量、VIの対応関係

3.9 離散化

本章を通して、確率変数が離散的であると仮定してきた。連続の場合については、値を量子化（coarse-grain、粗視化）して、ビニングされた観測値に同じ概念を適用することができる。確率分布関数$f_X[x]$をもつ連続確率変数Xを考えよう。シャノンは、その（微分）エントロピーを次のように定義した。

$$H[X] = -\int_{-\infty}^{\infty} f_X[x]\log[f_X[x]]dx$$

ガウス確率変数Xのエントロピーは、$H[X]=1/2\log[2\pi e\sigma^2]$となり、したがって標準正規分布においては$H[X]\approx 1.42$である。有限の標本から$H[X]$を推定する１つの方法は、観測された値$\{X\}$にまたがる範囲を等しいサイズ$\Delta_X$の$B_X$個のビンに分割することである。つまり$\Delta_X=(\max\{x\}-\min\{x\})/B_X$。このとき、

$$H[X] \approx -\sum_{i=1}^{B_X} f_X[x_i]\log[f_X[x_i]]\Delta_X$$

となる。ここで$f_X[x_i]$ はi番目のビン内にある観測値の頻度を表す。$p[x_i]$ をi番目のビンに対応するセグメントΔ_X内で観測値が得られる確率とする。$p[x_i]$ は$p[x_i] \approx f_X[x_i]\Delta_X$と近似することができ、これは$\hat{p}[x_i]=N_i/N$と推定することができる。ここで$N_i$は$i$番目のビン内の観測値の数で、$N=\sum_{i=1}^{Bx} N_i$および$\sum_{i=1}^{Bx}\hat{p}[x_i]=1$である。以上より、離散化されたエントロピーの推定値が次のかたちで導かれる。

$$\hat{H}[X] = -\sum_{i=1}^{B_X} \frac{N_i}{N} \log\left[\frac{N_i}{N}\right] + \log[\Delta_X]$$

同じ議論で、結合エントロピーの推定値は次のようになる。

$$\hat{H}[X,Y] = -\sum_{i=1}^{B_X}\sum_{j=1}^{B_Y} \frac{N_{i,j}}{N} \log\left[\frac{N_{i,j}}{N}\right] + \log[\Delta_X \Delta_Y]$$

推定量$\hat{H}[X]$ と$\hat{H}[X,Y]$ から、条件付きエントロピー、相互情報量、Variation of Informationの推定量を導出することができる。式からわかるように、結果にはB_XとB_Yの選択によるバイアスがかかる。周辺エントロピーの場合、Hacine-Gharbi et al.（2012）によると、以下のビニングが最適となる。

$$B_X = \mathrm{round}\left[\frac{\zeta}{6} + \frac{2}{3\zeta} + \frac{1}{3}\right]$$

$$\zeta = \sqrt[3]{8 + 324N + 12\sqrt{36N + 729N^2}}$$

結合エントロピーの場合、Hacine-Gharbi and Ravier（2018）によると、最適なビニングは次のようになる。

$$B_X = B_Y = \mathrm{round}\left[\frac{1}{\sqrt{2}}\sqrt{1 + \sqrt{1 + \frac{24N}{1 - \hat{\rho}^2}}}\right]$$

ここで$\hat{\rho}$はXとYの推定相関係数である。スニペット３.３は、前出の関数`varInfo`を修正し、関数`numBins`で計算する最適なビニングを組み込むようにした。

スニペット3.3　離散化された連続確率変数のVariation of Information

```
def numBins(nObs,corr=None):
  #離散化の最適ビン数
  if corr is None: # 単変量の場合
    z=(8+324*nObs+12*(36*nObs+729*nObs**2)**.5)**(1/3.)
    b=round(z/6.+2./(3*z)+1./3)
  else: # 二変量の場合
    b=round(2**-.5*(1+(1+24*nObs/(1.-corr**2))**.5)**.5)
  return int(b)
#--------------------------------------------------------------
def varInfo(x,y,norm=False):
  #VI
  bXY=numBins(x.shape[0],corr=np.corrcoef(x,y)[0,1])
  cXY=np.histogram2d(x,y,bXY)[0]
  iXY=mutual_info_score(None,None,contingency=cXY)
  hX=ss.entropy(np.histogram(x,bXY)[0]) # 周辺エントロピー
  hY=ss.entropy(np.histogram(y,bXY)[0]) # 周辺エントロピー
  vXY=hX+hY-2*iXY # VI
  if norm:
    hXY=hX+hY-iXY # 結合エントロピー
    vXY/=hXY # 正規化されたVI
  return vXY
```

3.10　2つの分割の間の距離

ここまで、確率変数間の類似度を評価する方法を導出した。これらの概念を、同じデータセットの2つの分割を比較する問題に拡張することができる(Meila 2007)。分割が確率変数であると考える手法といえる。データDのあ

る分割Pは、互いに重ならない、空でない部分集合の順序のない集合であり、

$$P=\{D_k\}_{k=1,\ldots,K},$$
$$\| D_k \| > 0, \forall k,$$
$$D_k \cap D_l = \emptyset, \forall k \neq l,$$
$$\bigcup_{k=1}^{k} D_k = D$$

となる。

Pの不確実性を定義しよう。まず、任意の要素$d \in D$を選ぶ確率を$\tilde{p}[d]=1/\|D\|$とする。次に、ランダムに選ばれた要素$d \in D$が部分集合D_kに属する確率を$p[k]=\|D_k\|/\|D\|$と定義する。この第二の確率$p[k]$は、$S=\{1,\ldots,K\}$から値kをとる離散確率変数である。第三に、この離散確率変数の不確実性は、次式のエントロピーで表すことができる。

$$H[P]=-\sum_{k=1}^{K} p[k]\log[p[k]]$$

上記から、$H[P]$は$\|D\|$に依存せず、部分集合の相対的な大きさに依存することがわかる。もう1つの分割$P'=\{D'_{k'}\}_{k=1,\ldots,K}$があるとき、$S'=\{1,\ldots,K'\}$から値$k'$をとる第二の確率変数を定義することができる。ランダムに選ばれた要素$d \in D$がPの部分集合D_kに属し、かつP'の部分集合$D'_{k'}$にも属するという同時確率は、

$$p[k,k']=\frac{\| D_k \cap D'_{k'} \|}{\|D\|}$$

となる。

結合エントロピーは、

$$H[P,P']=-\sum_{k=1}^{K}\sum_{k'=1}^{K'} p[k,k']\log[p[k,k']]$$

と定義される。また条件付きエントロピーは$H[P|P']=H[P,P']-H[P]$である。相互情報量は、

$$I[P,P']=H[P]-H[P|P']=\sum_{k=1}^{K}\sum_{k'=1}^{K'} p[k,k']\log\left[\frac{p[k,k']}{p[k]p[k']}\right]$$

であり、Variation of Informationは、

$$VI[P, P'] = H[P|P'] + H[P'|P]$$

となる。ここで$H[P|P']$は分割PからP'に移行するときに失うPに関する情報量、$H[P'|P]$はそのときに得るP'に関する情報量を測定する。このVariation of Informationの定義にはいくつかの性質があり、(1)距離である、(2)$VI[P,P']\leq\log[\|D\|]$のような絶対値上限があり（エントロピーと同様）、(3)部分集合の数が定数$\bar{K}$で制限され、$\bar{K}\leq\sqrt{\|D\|}$であれば、$VI[P,P']\leq 2\log[\bar{K}]$であることがわかる。これら3つの性質は、分割間の距離を正規化し、異なるデータセット間で分割アルゴリズムを比較することを可能にするため重要である。教師なし学習においては、Variation of Informationは分割的（非階層的）クラスタリングアルゴリズムの結果を比較する際に有用である。

3.11 実験結果

相互情報量は、2つの確率変数が共有する情報量を定量化したものである。正規化された相互情報量は、相関係数の絶対値と同じく、[0,1] の範囲内の実数をとる。また、相関係数（またはその絶対値）と同様に、相互情報量も正規化相互情報量も真の距離ではない。相関係数ρをもつ2つの標準ガウス確率変数XとYの間の相互情報量は、$I[X,Y]=-1/2\log[1-\rho^2]$であることが知られている。

この意味で、正規化相互情報量は、線形代数における相関係数の情報理論における同等物と考えることができる。以下に、異なるシナリオのもとで両統計量がどのように機能するかを研究する。

3.11.1 関係性なしの場合

まず、標準的なガウス分布から乱数の2つの配列xとeを作成する。次に、$y=0x+e=e$を計算し、xとyの正規化相互情報量および相関係数を評価する。スニペット3.4はこの計算を行う。

図3.2はxに対するyを図示しており、予想どおり雲のようなかたちをしている。相関係数（corr）と正規化相互情報量（nmi）はいずれもほぼゼロである。

スニペット3.4　2つの独立したガウス確率変数間の相関係数と正規化相互情報量

```
def mutual Info(x,y,norm=False):
  #相互情報量
  bXY=numBins(x.shape[0],corr=np.corrcoef(x,y)[0,1])
  cXY=np.histogram2d(x,y,bXY)[0]
  iXY=mutual_info_score(None,None,contingency=cXY)
  if norm:
    hX=ss.entropy(np.histogram(x,bXY)[0]) # 周辺エントロピー
    hY=ss.entropy(np.histogram(y,bXY)[0]) # 周辺エントロピー
    iXY/=min(hX,hY) # 正規化相互情報量
  return iXY
#---------------------------------------------------------------
size,seed=5000,0
np.random.seed(seed)
x=np.random.normal(size=size)
e=np.random.normal(size=size)
y=0*x+e
nmi=mutualInfo(x,y,True)
corr=np.corrcoef(x,y)[0,1]
```

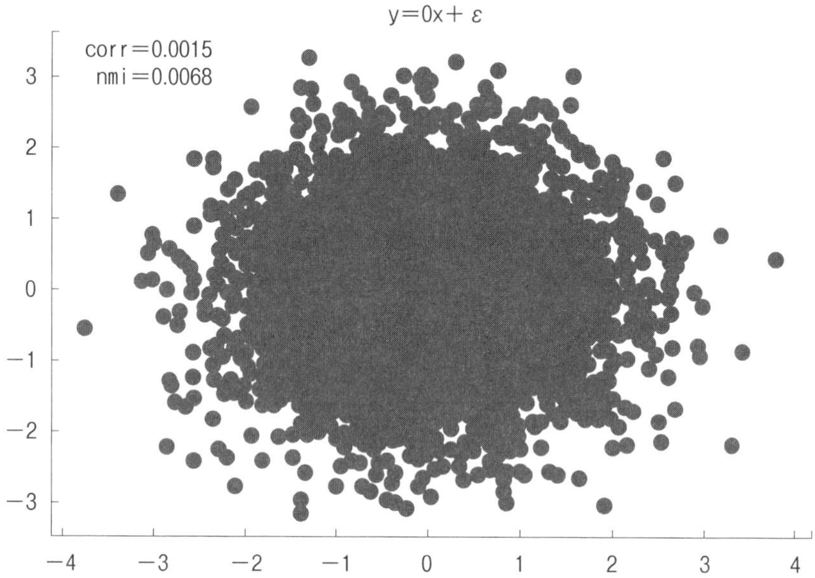

図３．２　２つの独立したガウス確率変数の散布図

3.11.2　線形関係

この例では、$y=100x+e$とすることで、xとyの間に強い線形関係を導入する。相関係数は約１となり、正規化相互情報量も約0.9と非常に高くなる。正規化相互情報量は１ではないが、これはeにある程度の不確実性があるためである。たとえば$y=10^4x+e$とすると、正規化相互情報量は0.995に増加する。図３．３はこの関係をプロットしたものである。

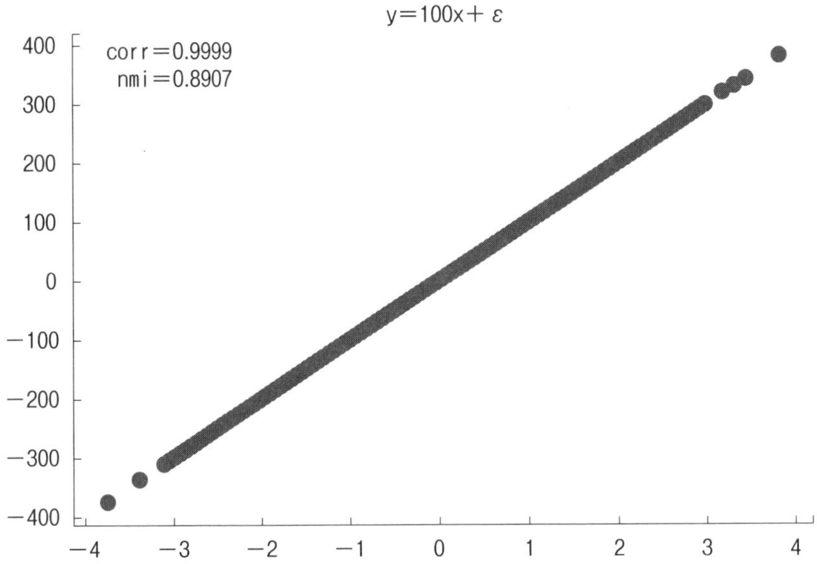

図３．３　線形関係にある２つのガウス確率変数の散布図

3.11.3　非線形関係

この例では、$y=100|x|+e$とすることで、xとyの間にx軸において対称な関係を導入する。相関係数は約０となり、正規化相互情報量は約0.64となる。予想どおり、相関係数は、xとyの間に存在する強い関係を非線形であるために認識できなかった。これに対して相互情報量は、xからyを予測する際に有用な情報を相当量抽出できることを示しており、その逆もまたしかりである。図３．４はこの関係をプロットしている。

線形の場合とは異なり、係数を10^2から10^4に大きくしても正規化相互情報量は大きくは増加しない。この例では不確実性の主な原因はeではないからである。正規化相互情報量は高いが１ではない。これはyの各値に対応する２つのxの値があるため、yを知っていてもxの値を知るには十分でないからである。

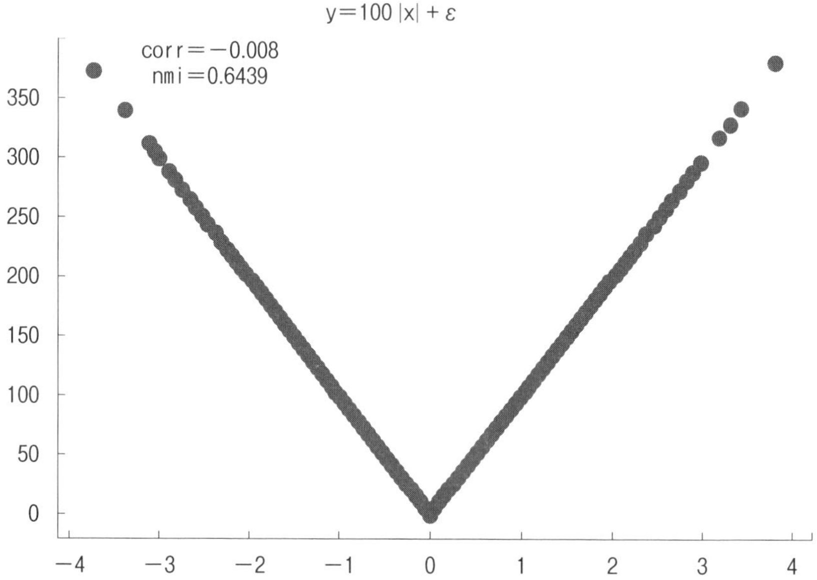

図３．４　非線形関係にある２つのガウス確率変数の散布図

3.12 結　論

相関は、確率変数間の線形共依存性を定量化するのに有用である。この形式の共依存性は、距離測度として$d_\rho[X,Y]=\sqrt{\frac{1}{2}(1-\rho[X,Y])}$または$d_{|\rho|}[X,Y]=\sqrt{1-|\rho[X,Y]|}$のようなさまざまな表現を受け入れる。しかし、変数$X$と$Y$が非線形関係にある場合、上記の距離測度はこれらの変数の類似性を誤って測定してしまう。本章では、非線形な場合には正規化されたVariation of Informationがより適切な距離測度であると主張した。これにより、関数形の仮定を置くことなく、確率変数が寄与する情報に関する質問に答えることができる。多くの機械学習アルゴリズムがデータに関数的な形式を課さないことを考えると、機械学習アルゴリズムをエントロピーに基づく特徴量を組み合わせて使用することは理にかなっている。

3.13　練習問題

1　単位標準偏差と相関係数$\rho \in \{-1, -0.5, 0, 0.5, 1\}$をもつ二変量正規分布から1,000個の観測値を作成せよ。

a　3.9節で述べた方法に従って標本を離散化せよ。

b　$H[X]$、$H[Y]$、$H[X,Y]$、$H[X|Y]$、$I[X,Y]$、$VI[X,Y]$、$\widetilde{VI}[X,Y]$を計算せよ。

c　$H[X]$と$H[Y]$はρの影響を受けるか？

d　$H[X,Y]$、$H[X|Y]$、$I[X,Y]$、$VI[X,Y]$、$\widetilde{VI}[X,Y]$はρの影響を受けるか？

2　問題1を、今度は100万の観測値について実行しよう。異なる標本サイズによって、どのような変数が影響を受けるか？

3　問題2を、今度は問題1での離散化ステップB_Xを使用して実行しよう。これは結果にどのような影響を与えるか？

4　相互情報量よりもVariation of Informationが優れている主な点は何だろうか？　金融分野で、Variation of Informationよりも相互情報量のほうが適切なケースが考えられるだろうか？

5　3.2節で説明した2つの相関ベースの距離測度を考えてみよう。これらの距離測度が正規化されたVariation of Informationよりも好ましいケースが考えられるだろうか？

6　2つの離散確率分布間のKLダイバージェンスを計算する関数をPythonで記述せよ。

7　2つの離散確率分布間のクロスエントロピーを計算する関数をPythonで記述せよ。

8　$d_{\rho^2}[X,Y]=\sqrt{1-\rho[X,Y]^2}$も適切な距離測度であることを証明せよ。

第4章

最適クラスタリング

4.1　はじめに

クラスタリング問題は、オブジェクトの集合と、それらのオブジェクトの特徴量の集合から構成される。クラスタリングの目的は、特徴量を用いて、グループ内の類似度が最大になり、グループ間の類似度が最小になるように、オブジェクトをグループ（クラスターと呼ばれる）に分離することである。クラスタリングは教師なし学習の一形態であり、タスクを解く際にアルゴリズムの助けとなるような教師例は提供されない。金融分野において、クラスタリング問題は投資プロセスのあらゆる段階で自然に発生する。たとえば、アナリストは現在のイベントに似た過去のイベントを探すことがあるが、これにはイベントの数値分類を用いる。ポートフォリオマネージャーはしばしば、同種の証券間の相対価値を導出するために、さまざまな特徴量で証券をクラスタリングする。リスク管理者は、同じ特徴を共有する有価証券にリスクが集中することを避けたいと考えている。トレーダーは、一連の有価証券に影響を与えるオーダーフローを理解することによって、急騰や急落が特定の有価証券に固有のものなのか、あるいは複数の有価証券が共有するカテゴリに影響を与えるのかを判断する。こうした問題に取り組む際に、第３章で学んだ距離の概念を応用する。本章では、最適なクラスターの数と構成を見つける問題に焦点を当てる。

4.2　近接行列

NxF次元のデータ行列Xを考える。ここでNはオブジェクトの数、Fは特徴量の数である。このときF個の特徴量を利用してN個のオブジェクト間の近接度を計算し、NxN行列に表現することができる。近接度は、類似度（たとえば相関係数や相互情報量）または非類似度（たとえば距離測度）のいずれかを示す。非類似度指標が、非負性、対称性、三角不等式という距離測度の条件（Kraskov et al. 2008）を満たしていれば便利だが、厳密には必要ではない。近接行列は無向グラフとして表現することができ、その重みは類似度（類似度が高いほど重みが大きい）または非類似度（非類似度が高いほど重みが小さい）の関数である。この場合クラスタリング問題は、グラフをクラスターごとに1つの連結成分（重ならない部分グラフ）に分割することと等価である。近接行列を生成する際には、入力データを標準化して、ある特徴量のスケールが他の特徴量よりも支配的にならないようにするのがよい。

4.3 クラスタリングの種類

クラスタリングアルゴリズムには大きく分けて分割的と階層的の2つがある。分割的手法では、オブジェクトをネストされていない一階層に分割する（各オブジェクトは1つのクラスターのみに属する）。階層的手法では、ネストされた分割を作成し、最上部にはすべてを含む単一のクラスター、最下部には個々のオブジェクト1つからなるクラスターを生成する。階層的クラスタリングアルゴリズムには、分離型（トップダウン）と凝集型（ボトムアップ）がある。階層木の成長を制限することで、どのような階層的クラスタリングからも分割的クラスタリングを導出することができる。しかし一般的には、分割的クラスタリングから階層的クラスタリングを導出することはできない。

クラスターの定義によって、以下のような種類のクラスタリングアルゴリズムがある。

1 **コネクティビティ**：階層的クラスタリングのように距離的な接続性に基づくクラスタリングである。ファイナンスでの応用例はLópez de Prado (2016) を参照のこと。

2 **セントロイド**：このアルゴリズムはk-meansのようなベクトル量子化を実行する。ファイナンスでの応用例はLópez de Prado and Lewis (2018) を参照のこと。

3 **分布**：クラスターは統計的分布、たとえばガウス混合分布を用いて形成される。

4　**密度**：これらのアルゴリズムは、データ空間内の接続された密な領域を探索する。例としては、DBSCANやOPTICSなどがある。

5　**部分空間**：クラスターは特徴量と観測値の２つの次元でモデル化される。例としては、バイクラスタリング（コクラスタリングとも呼ばれる）がある。たとえば、証券のサブセットと期間の類似性を同時に識別するのに役立つことがある[10]。

入力として類似性の測度をとるアルゴリズムと、非類似性の測度をとるアルゴリズムがある。それぞれのアルゴリズムに正しい入力を渡すことが重要である。たとえば、階層的クラスタリングアルゴリズムは、一般的に距離を入力として、近傍のアイテムをクラスタリングする。セントロイド法、分布法、密度法はベクトル空間の座標を入力とし、距離を直接扱うことができる。一方、距離行列に直接バイクラスタリングを行うと、最も遠い要素がクラスタリングされてしまう（k-meansとは逆）。１つの解決策は、距離の逆数でバイクラスタリングすることである。

特徴量の数が観測値の数よりも大幅に大きい場合、次元の呪いがクラスタリングにおいて問題になる。観測値にまたがる空間の大部分が空になり、グループを識別することが困難になるからである。１つの解決策は、PCA が特徴量の数を減らすように、データ行列Xを低次元空間に投影することである（Steinbach et al. 2004；Ding and He 2004）。別の解決策としては、近接行列を低次元空間に投影し、それを新しいX行列として使用することである。いずれの場合も、第２章で解説した手順が、シグナルに対応する次元の数を特定するのに役立つ。

4.4　クラスターの数

分割的アルゴリズムはネストされていないクラスターの構成を見つけるも

10　実例はhttps://quantdare.com/biclustering-time-series/ を参照。

のだが、アルゴリズムに正しいクラスター数を与える必要がある。実際には、クラスターの数が何であるべきかは事前にわからないことが多い。よく使われる「エルボー法」は、説明される分散の限界割合が事前設定された閾値を超えなくなったときに、クラスターの追加を中止するという手法である。ここでは、説明される分散の割合は、全分散に対するグループ間分散の比率（F検定）として定義される。このアプローチの1つの注意点は、閾値が恣意的に設定されることである（Goutte et al. 1999）。

本節では、シャッフルされたブロック対角相関行列からクラスターの数を回復するアルゴリズムを紹介する。López de Prado and Lewis（2018）は、最適なクラスター数を探索するこのアルゴリズムをONC（optimal number of clusters）と呼んでいる。ONCは、シルエット法（Rousseeuw 1987）を適用するアルゴリズムの1つである。典型的には相関行列内のクラスターの数を見つけることが関心の対象であるが、このアルゴリズムは任意の一般的な観測値行列に適用することができる。

4.4.1 観測値行列

相関行列に対するクラスタリングをしない場合、あるいはすでに観測値行列Xがある場合は、本節を飛ばしてもよい[11]。そうでない場合は、相関行列ρによって特徴づけられる多変量正規分布に従うN個の変数があると仮定しよう。ここで$\rho_{i,j}$は変数iとjの間の相関係数である。強い共通成分が存在する場合は、すべての変数に共通するファクターエクスポージャーが部分的に共通するエクスポージャーの存在を隠す可能性があるため、第2章で解説したデトーニング法を適用して除去することが望ましい。

相関行列のクラスタリングのためには、少なくとも以下3つのアプローチをとることが可能である。(a)距離行列を直接$d_{i,j}=\sqrt{\frac{1}{2}\left(1-\rho_{i,j}\right)}$または類似

11　理想的には、観察値行列は第3章で説明した情報理論的な測度のいずれかに基づいているべきである。しかし、金融分野ではまだ相関係数のほうが一般的であることを認めざるをえない。ONCは、観測値行列がどのように形成されたかには関係がない。本節の目的は、相関を使うことがより快適だと感じる読者のために、観測値行列を計算する方法の1つを説明することである。

の変換として定義する（第３章参照）ことによってX行列を回避する、(b)相関行列をXとして使用する、(c)X行列を $X_{i,j}=\sqrt{\frac{1}{2}\left(1-\rho_{i,j}\right)}$ または類似の変換として導出する（距離の距離アプローチ）。オプション(b)と(c)の利点は、２つの変数間の距離が、単一の相関推定値だけではなく複数の相関推定値の関数になることで、外れ値の存在に対して分析がよりロバストになることである。オプション(c)の利点は、$\rho_{i,j}$=0.9から$\rho_{i,j}$=1.0への変化が、$\rho_{i,j}$=0.1から$\rho_{i,j}$=0.2への変化よりも大きいと認識されることである。本節ではアプローチ(c)に従って、観測値行列を $X_{i,j}=\sqrt{\frac{1}{2}\left(1-\rho_{i,j}\right)}$ と定義する。

相関行列のクラスタリングは、特徴量が観測値に一致するので特別である。つまり、観測値自体が特徴量であるような観測値をグループ化しようとしている（それゆえにXは対称性がある）。行列Xは距離行列のようにみえるが、そうではない。それは依然として観測値行列であり、それに対して距離が評価される。

行列Xが大きい場合は、一般的にPCAによって次元削減することが望ましい。これは直観的にはXを低次元空間への標準化された直交射影で置き換えることであり、その際の次元の数はXの相関行列の固有値のなかでλ_+を超える固有値の数で与えられる（第２章参照）。結果として得られるサイズNxFの観測値行列$\tilde{X}$は、より高いS/N比をもつ。

4.4.2　ベースクラスタリング

この段階では、観測値を距離空間で表現する行列があると仮定する。この行列は、前節で説明した方法で計算するか、あるいは他の方法で得られたものである。たとえばこの行列は、第３章で説明した、確率変数間のVariation of Informationに基づいたものかもしれない。次に、ベースクラスタリングアルゴリズムについて議論しよう。１つの可能性は、観測値行列にk-meansアルゴリズムを使用するものである[12]。k-means は単純で効果的であることが多いが、２つの大きな制限がある。第一に、アルゴリズムはユーザーが設定したクラスター数Kを必要とし、これは必ずしも先験的に最適とは限らない。第二に、初期化はランダムに行われ、したがってアルゴリズムの有効性も同様にランダムである可能性がある。

これら2つの問題を解決するために、k-meansアルゴリズムを修正する必要がある。最初の修正は、“最適なK”を見つけることができるように、目的関数を導入することである。このために、Rousseeuw（1987）によって導入されたシルエットスコアを利用する。要素iとクラスタリングが与えられたとき、シルエット係数S_iは次のように定義される。

$$S_i = \frac{b_i - a_i}{\max\{a_i, b_i\}}; i = 1, \dots, N$$

ここで a_i は 要素iと同じクラスター内のほかのすべての要素との間の平均距離、b_i は 要素iとiがメンバーではない最も近いクラスター内のすべての要素との間の平均距離である。これは実質的には、クラスター内距離とクラスター間距離を比較する測度である。値 $Si=1$は要素iがよくクラスター化されていることを意味し、$Si=-1$はiがうまくクラスター化されていないことを意味する。ある分割について、クラスタリング品質の測定値qは次のように定義される。

$$q = \frac{E[\{S_i\}]}{\sqrt{V[\{S_i\}]}}$$

ここで、$E[\{S_i\}]$はシルエット係数の平均、$V[\{S_i\}]$はシルエット係数の分散である。次に行う2番目の修正により、k-meansの初期化問題に対処する。ベースクラスタリングアルゴリズムは以下の操作を行う。まず、観測値行列を作成する。次に二重のforループを実行する。最初のループでは、ある初期化に対し、k-meansクラスタリングを異なる$k=2, \dots, N$で試行し、各クラスタリングの品質qを評価する。2番目のループでは、異なる初期化で1番目のループを複数回繰り返す。そしてこの2つのループの後に、最も高いqのクラスタリングを選択する。スニペット4.1はこの手順を実装したものであり、図4.1はワークフローを図示している。

12　別の可能性として、階層的アルゴリズムを使用することも考えられる。その場合ベースクラスタリングは、分割の品質を最大にするデンドログラムの距離において行われる。例としては https://ssrn.com/abstract=3512998 を参照。

スニペット4.1　ベースクラスタリング

```
import numpy as np,pandas as pd
from sklearn.cluster import KMeans
from sklearn.metrics import silhouette_samples
#------------------------------------------------------------
def clusterKMeansBase(corr0,maxNumClusters=10,n_init=10):
  x,silh=((1-corr0.fillna(0))/2.)**.5,pd.Series() # 観測値行列
  for init in range(n_init):
    for i in xrange(2,maxNumClusters+1):
      kmeans_=KMeans(n_clusters=i,n_jobs=1,n_init=1)
      kmeans_=kmeans_.fit(x)
      silh_=silhouette_samples(x,kmeans_.labels_)
      stat=(silh_.mean()/silh_.std(),silh.mean()/silh.std())
      if np.isnan(stat[1])or stat[0]>stat[1]:
        silh,kmeans=silh_,kmeans_
  newIdx=np.argsort(kmeans.labels_)
  corr1=corr0.iloc[newIdx] # 行を並べ替える

  corr1=corr1.iloc[:,newIdx] # 列を並べ替える
clstrs={i:corr0.columns[np.where(kmeans.labels_==i)[0]].tolist()\
  for i in np.unique(kmeans.labels_)} # クラスターの構成要素
silh=pd.Series(silh,index=x.index)
return corr1,clstrs,silh
```

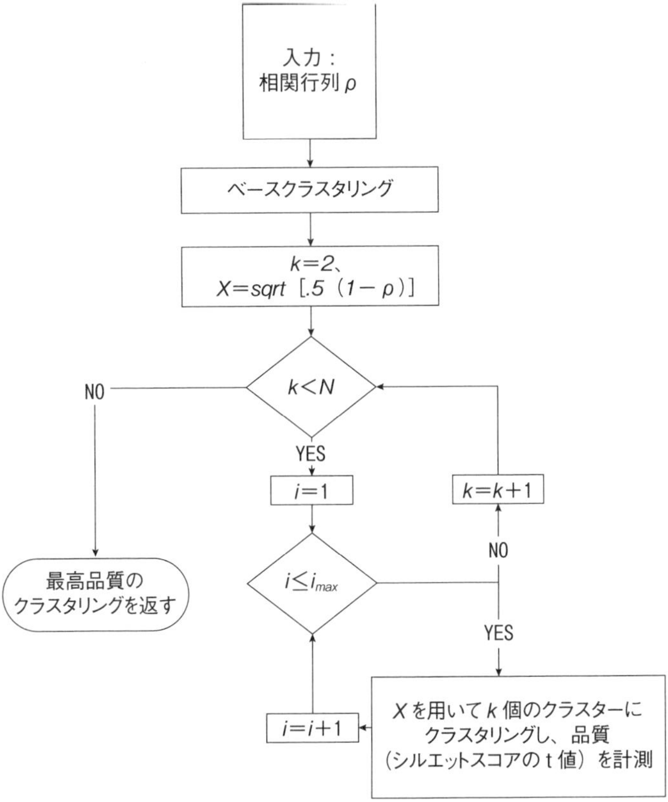

図 4.1　ONCベースクラスタリングステージ

4.4.3　上位クラスタリング

k-meansに対する3番目の修正は、クラスターの品質の不均一性に対処するものである。ベースクラスタリングでは、明瞭なクラスターは捕捉できても、明瞭でないクラスターを見逃してしまうことがある。この問題に対処するために、ベースクラスタリングから得られたクラスタリング品質スコアをもとに、各クラスター $k=1,\dots,K$ の品質 q_k を評価する。次に、品質の平均値 $\bar{q}$ を求め、平均以下の品質のクラスターの集合 $\{q_k|q_k<\bar{q}, k=1,\dots,K\}$ を求める。この集合に含まれるクラスターの数を K_1 とする（$K_1<K$）。$K_1\leq 1$ であれ

ば、ベースアルゴリズムで作成されたクラスタリングを利用する。しかし$K_1 \geq 2$であれば、そのK_1クラスター内の要素のクラスタリングを再実行する。このとき残りのクラスターは許容できるクラスタリングであるとみなされる。

K_1クラスターを構成する要素から新しい（小さい）観測値行列を形成し、縮小された相関行列に対しベースクラスタリングアルゴリズムを再実行する。そうすることで、K_1内の要素に対して、おそらく新しいクラスタリングが生成される。その有効性を確認するため、再クラスタリングする前と後の平均クラスター品質を比較する。平均クラスターの質が改善された場合は、ベースクラスタリングで許容されたクラスタリングと、再クラスタリングを行ったノードの新しいクラスタリングを連結する。改善がない場合は、ベースアルゴリズムで形成されたクラスタリングを結果とする。スニペット４.２はこの操作をpythonで実装したもので、図４.２にワークフローをまとめている。

スニペット４.２　上位レベルのクラスタリング

```
from sklearn.metrics import silhouette_samples
#---------------------------------------------------
def makeNewOutputs(corr0,clstrs,clstrs2):
  clstrsNew={}
  for i in clstrs.keys():
    clstrsNew[len(clstrsNew.keys())]=list(clstrs[i])
  for i in clstrs2.keys():
    clstrsNew[len(clstrsNew.keys())]=list(clstrs2[i])
  newIdx=[j for i in clstrsNew for j in clstrsNew[i]]
  corrNew=corr0.loc[newIdx,newIdx]
  x=((1-corr0.fillna(0))/2.)**.5
  kmeans_labels=np.zeros(len(x.columns))
  for i in clstrsNew.keys():
    idxs=[x.index.get_loc(k) for k in clstrsNew[i]]
```

```
    kmeans_labels[idxs]=i
  silhNew=pd.Series(silhouette_samples(x,kmeans_labels),
    index=x.index)
  return corrNew,clstrsNew,silhNew
#---------------------------------------------------
def clusterKMeansTop(corr0,maxNumClusters=None,n_init=10):
  if maxNumClusters==None:maxNumClusters=corr0.shape[1]-1
  corr1,clstrs,silh=clusterKMeansBase(corr0,maxNumClusters=\
    min(maxNumClusters,corr0.shape[1]-1),n_init=n_init)
  clusterTstats={i:np.mean(silh[clstrs[i]])/\
    np.std(silh[clstrs[i]]) for i in clstrs.keys()}
  tStatMean=sum(clusterTstats.values())/len(clusterTstats)
  redoClusters=[i for i in clusterTstats.keys() if\
    clusterTstats[i]<tStatMean]
  if len(redoClusters)<=1:
    return corr1,clstrs,silh
  else:
    keysRedo=[j for i in redoClusters for j in clstrs[i]]
    corrTmp=corr0.loc[keysRedo,keysRedo]
    tStatMean=np.mean([clusterTstats[i] for i in redoClusters])
    corr2,clstrs2,silh2=clusterKMeansTop(corrTmp,\
      maxNumClusters=min(maxNumClusters,\
      corrTmp.shape[1]-1),n_init=n_init)
    #必要ならば新しいアウトプットを作成
    corrNew,clstrsNew,silhNew=makeNewOutputs(corr0,\
      {i:clstrs[i] for i in clstrs.keys() if i not
      inredoClusters},\
      clstrs2)
    newTstatMean=np.mean([np.mean(silhNew[clstrsNew[i]])/\
      np.std(silhNew[clstrsNew[i]]) for i in clstrsNew.keys()])
```

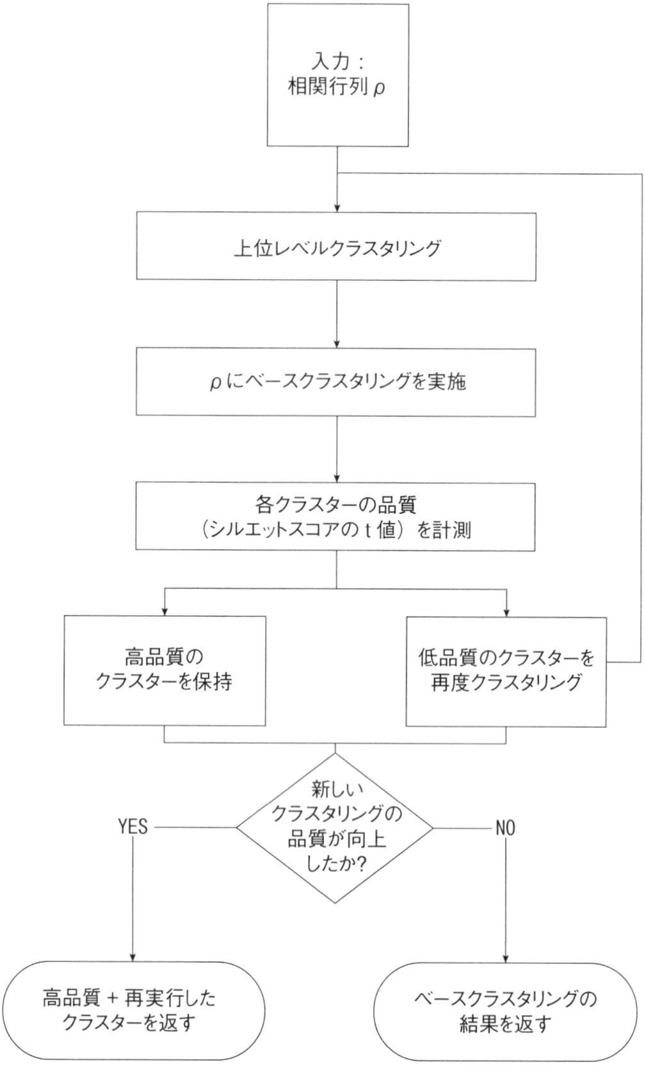

図４．２　ONC上位レベルクラスタリングステージ

```
    if newTstatMean<=tStatMean:
      return corr1,clstrs,silh
    else:
      return corrNew,clstrsNew,silhNew
```

4.5　実験結果

これまで解説したONCアルゴリズムの精度を検証するために、モンテカルロ実験を設計する。まず、ブロック内相関が高くブロック間相関が低くなるように、事前設定したブロック数Kのランダム抽選からNxNの相関行列ρを作成する。第二に、その相関行列をシャッフルする。第三に、ONCを適用し、ONCアルゴリズムが入力したブロックを再現することを検証する[13]。

4.5.1　ランダムブロック相関行列の生成

タプル（N,M,K）が与えられたとき、K個のブロックから構成され、各ブロックのサイズがM以上であるような全体のサイズNxNのランダムブロック相関行列を作成したい。N個の要素を、それぞれのサイズがM以上のK個の重ならないグループにランダムに分割する手順を説明しよう。これは $N'=N-K$（$M-1$）個の要素をサイズが１以上のK個のグループにランダムに分割することと等価であるので、この問題を検討する。集合$A=$（$1,\dots,N'-1$）から$K-1$個の異なる項目をランダムに選び、それを集合Bと呼び、次にBにN'を加えてBのサイズがKになるようにする。したがってBは$i_1,\dots,i_K$を含み、$1\leq i_1<i_2<,\dots,<i_K=N'$である。$B$を所与として、$K$個の分割集合$C_1=0,\dots,i_1-1$；$C_2=i_1,\dots,i_2-1$；$C_K=i_{K-1},\dots,i_K-1$を考える。$i_j$は互いに異なるので、目的どおり各分割は少なくとも１つの要素を含み、さらに集合（$0,\dots,N'-1$）を完全に分割する。そうすると、各分割C_jは、$j=1,\dots,K$について、i_j-i_{j-1}個の要素を含むことになる（$i_0=0$とする）。各ブロックに$M-1$要素を追加することで、再び一般化することができる。

13　この実験に協力してくれたMichael J. Lewisに感謝する。

各ブロック$k=1,\dots,K$がサイズx_k,x_kとすると、$x_k \geq M$であり、$x_1+\dots+x_K=N \geq MK$となる。まず、各ブロックkについて、独立同分布する（IID）標準ガウス分布から抽出した長さTの時系列を作成し、そのコピーをサイズ（T,x_k）の行列Xの各列に作成する。第二に、標準偏差$\sigma>0$のランダムなガウシアンノイズを各$X_{i,j}$に加える。設計上、σが小さければXの各列の相関は高くなり、σが大きければ相関は低くなる。第三に、Xの列について共分散行列Σ_Xを導出し、Σ_XをブロックとしてΣに追加する。第四に、大きいσで１ブロックの別の共分散行列をΣに加算する。最後に、Σに対応する相関行列ρを導出する。

ρは、各ブロック内で高い相関をもつK個のブロックからなり、それ以外では低い相関をもつ。図４．３は、この手法で構築された相関行列の例である。スニペット ４．３ はこの操作をpythonで実装したものである。

スニペット4.3　ランダムブロック相関行列の生成

```
import numpy as np,pandas as pd
from scipy.linalg import block_diag
from sklearn.utils import check_random_state
#------------------------------------------------------
  def getCovSub(nObs,nCols,sigma,random_state=None):
  #サブ相関行列
  rng=check_random_state(random_state)
  if nCols==1:return np.ones((1,1))
  ar0=rng.normal(size=(nObs,1))
  ar0=np.repeat(ar0,nCols,axis=1)
  ar0+=rng.normal(scale=sigma,size=ar0.shape)
  ar0=np.cov(ar0,rowvar=False)
  return ar0
#------------------------------------------------------
def getRndBlockCov(nCols,nBlocks,minBlockSize=1,sigma=1.,
  random_state=None):
```

```
  #ブロックランダム相関行列の生成
  rng=check_random_state(random_state)
  parts=rng.choice(range(1,nCols-(minBlockSize-1)*nBlocks),\
    nBlocks-1,replace=False)
  parts.sort()
  parts=np.append(parts,nCols-(minBlockSize-1)*nBlocks)
  parts=np.append(parts[0],np.diff(parts))-1+minBlockSize
  cov=None
  for nCols_inparts:
    cov_=getCovSub(int(max(nCols_*(nCols_+1)/2.,100)),\
      nCols_,sigma,random_state=rng)
    if cov is None:cov=cov_.copy()
    else:cov=block_diag(cov,cov_)
  return cov
#--------------------------------------------------
def randomBlockCorr(nCols,nBlocks,random_state=None,
  minBlockSize=1):
  #ブロック相関行列の生成
  rng=check_random_state(random_state)

  cov0=getRndBlockCov(nCols,nBlocks,
    minBlockSize=minBlockSize,sigma=.5,random_state=rng)
  cov1=getRndBlockCov(nCols,1,minBlockSize=minBlockSize,
                      sigma=1.,random_state=rng) # ノイズの追加
  cov0+=cov1
  corr0=cov2corr(cov0)
  corr0=pd.DataFrame(corr0)
  return corr0
```

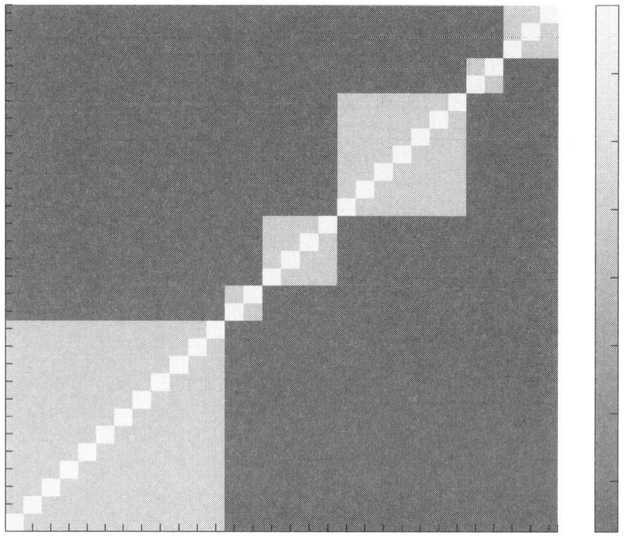

図４．３　ランダムブロック相関行列の例（シャッフル前）

4.5.2　クラスター数

上述の手順により、少なくともMのサイズのK個のブロックからなるNxNのランダムな相関行列を作成した。次に相関行列の行と列をシャッフルして、ブロックが識別できなくなるようにする。そして、これらのブロックの数と構成を再現するONCアルゴリズムの有効性をテストする。シミュレーションでは、$N=20,40,80,160$を選択した。クラスターは少なくとも２つのオブジェクトで形成されると考え$M=2$とし、すると必然的に$K/N \leq 1/2$となる。それぞれのNについて、$K=3,6,\ldots,N/2$をテストする。最後に、これらのパラメータセットについて、1,000回のランダム生成を実行する。

図４．４にこのシミュレーションから得られたボックスプロットを示す。K/Nのバケットごとに、クラスタリングによって予測されたK（$\mathrm{E}[K]$と表記）の実際のKに対する比率のボックスプロットを表示している。理想的にはこの比率は１に近くなるべきである。結果は、多少の誤差はあるものの、ONCが正しいクラスター数をおおむね再現していることを示している。

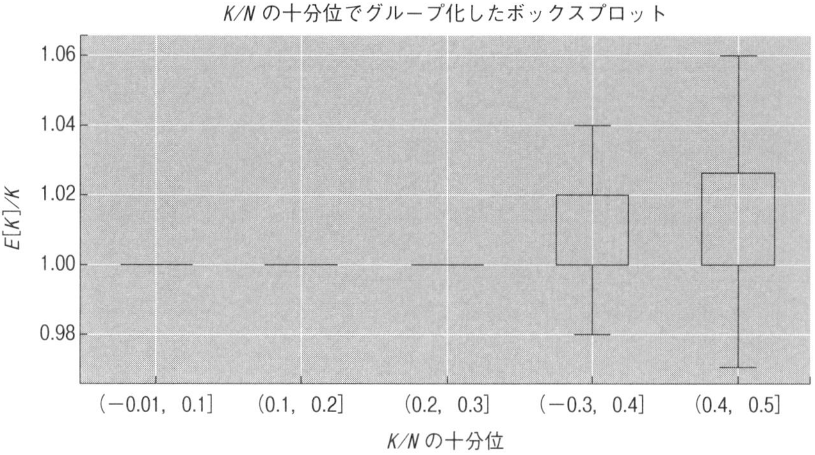

図４．４　推定されたK/実際のKの、K/Nごとのボックスプロット

ボックスプロットでは、中央のボックスの下部はデータの25パーセンタイル（Q1）を示し、上部は75パーセンタイル（Q3）を示す。四分位間の範囲（interquartile range, IQR）は、Q3-Q1に設定されている。中央値はボックスの内側に線として表示している。ウィスカー（ひげ）は、$Q3+1.5IQR$未満の最大データ、$Q1-1.5IQR$以上の最小データを示している。その範囲外のポイントは外れ値とみなされる。

4.6 結　論

本章では、分割型アルゴリズムを用いて最適なクラスターの数と構成を決定する問題について検討した。そのためにk-meansアルゴリズムに３つの修正を加えた。⑴クラスターの品質を測定する目的関数を定義した。⑵シードを変えてアルゴリズムを再実行することで、k-meansの初期化問題を解決した。⑶上位クラスタリングで、平均以下の品質を示すクラスターのなかから、よりよいパーティションを探すようにした。実験の結果、このアルゴリズムはブロック対角行列のクラスターの数と構成を効果的に再現できることが示された。

ここでは提案したソリューションをランダム相関行列に適用したが、他の種類の行列へも適用可能である。本アルゴリズムの出発点は観測値行列であり、相関に基づく測度、Variation of Information、または他の関数によって定義することができる.

4.7　練習問題

1　階層型クラスタリングアルゴリズムと分割型クラスタリングアルゴリズムの出力の主な違いは何だろうか？　後者の出力を前者の出力に変換できないのはなぜか？

2　MSCIのGICS業種分類は、階層型クラスタリングと分割型クラスタリングのどちらの例か？　相関行列に対し適切なアルゴリズムを使用して、MSCI の分類を再現してみよう。クラスタリングの出力をMSCIのものと比較するには、第３章で紹介したクラスタリング距離を使用しよう。

3　スニペット４.１と４.２を修正して、スペクトラル・バイクラスタリングアルゴリズムで動作するようにせよ。根本的に異なる結果が得られるか？　ヒント：近接行列として、バイクラスタリングアルゴリズムは距離行列ではなく類似度行列を期待していることに注意しよう。

4　クラスターの数を選択する実験分析を、ONCのベースアルゴリズムとして“エルボー法”を用いて繰り返そう。真のクラスター数を再現できただろうか？　その理由は？

5　第２章では、ブロック対角相関行列を構築するために別の方法を使用した。その方法ではすべてのブロックは同じ大きさであった。このような一定サイズのブロック対角相関行列で実験分析を繰り返してみよう。結果は改善したか悪化したか？　それはなぜか?

第 5 章

金融データのラベリング

5.1 はじめに

第４章では、特徴量データ（行列X）内の類似性を探索する手法であるクラスタリングについて議論した。クラスタリングは教師なし学習法であり、それはアルゴリズムが例を用いて学習しないという意味である。対照的に、教師あり学習アルゴリズムは、例（配列y）を用いてタスクを解く。教師あり学習問題には、主に回帰問題と分類問題の２つのタイプがある。回帰問題では、例は無限の母集団から抽出され、母集団は数えられる（整数値のような）場合と数えられない（実数値のような）場合がある。分類問題では、例は有限のラベル集合（分類的または順序的）から抽出される。値の間に順序がない場合、ラベルは「男性と女性」のようなカテゴリカル変数の観測値となる。値の間に順序がある場合、ラベルは信用格付のような順序変数の観測値となる。実変数は、カテゴリカルラベルまたは順序ラベルに離散化できる。

ラベルはアルゴリズムが学習するタスクを決定するため、研究者はラベルをどう定義するかを注意深く考える必要がある。たとえば、株XYZの今日のリターンの符号を予測するアルゴリズムを訓練したり、その株の次の５％の動きが正の値になるか否か（可変の日数にまたがる動き）を予測したりすることができる。最初のラベルがポイント予測であるのに対し、２番目のラベルは経路依存するイベントに関連しているため、これらのタスクを解くために必要とされる特徴量は非常に異なる場合がある。たとえば、株式の日次リターンの符号は予測できないかもしれないが、株式の（時間枠によらない）上昇確率は予測可能かもしれない。ある特徴量が特定の銘柄のあるタイプのラベルを予測できなかったからといって、同じ銘柄のすべてのタイプのラベルを予測できないというわけではない。通常、投資家はどういう方法で利益をあげるかについては気にしないので、ラベルを定義するさまざまな方法を試す価値がある。本章では、４つの重要なラベリング戦略について説明する。

5.2　固定ホライズン法

ファイナンス機械学習の学術研究では、ほとんどの場合固定ホライズンラベリング法が用いられている（参考文献参照）。インデックス$t=1, \dots, T$のバー系列からサンプリングされたI行の特徴量行列$\{X_i\}_{i=1,\dots,I}$を考える。ここで$I \leq T$とする。ホライズンhにおける価格リターンは次式のように計算される。

$$r_{t_{i,0},t_{i,1}} = \frac{p_{t_{i,1}}}{p_{t_{i,0}}} - 1$$

ここで、$t_{i,0}$はi番目に観測された特徴量のバーのインデックス、$t_{i,1}=t_{i,0}+h$はバーh本の固定ホライズンが経過した後のバーインデックスである。この方法では、次のように観測値X_iにラベル$y_i=\{-1,0,1\}$を付与する。

$$y_i = \begin{cases} -1 \text{ if } r_{t_{i,0},t_{i,1}} < -\tau, \\ \;\;0 \text{ if } |r_{t_{i,0},t_{i,1}}| \leq \tau, \\ \;\;1 \text{ if } r_{t_{i,0},t_{i,1}} > \tau \end{cases}$$

ここで、τはあらかじめ定義された定数閾値である。バーが規則的な時系列の時間頻度でサンプリングされる場合、これはタイム・バーと呼ばれる。タイム・バーは、金融の文献では非常によく使われている。タイム・バーと固定ホライズンのラベリングを組み合わせたものが、固定時間ホライズン法である。固定時間ホライズンは人気がある手法だが、この手法を避けるべき理由がいくつか存在する。第一に、タイム・バーで計算されたリターンは、日中の周期的な活動パターンの結果として、かなりの分散不均一性を示す。分散不均一なリターン$\{r_{t_{i,0},t_{i,1}}\}_{i=1,\dots,I}$に一定の閾値$\tau$を適用すると、周期性の影響を受けてラベルの分布が非定常になってしまう。たとえば、寄付きや大引け時に0のラベルを得ることは、正午頃や夜間に0のラベルを得るよりも（予期しないという意味で）情報量が多いはずである。1つの解決策は、ティック・バー、ボリューム・バー、またはドル・バーに固定ホライズン法を適用することである（López de Prado 2018aを参照）。別の解決策は、バー期間$[t_{i,0}, t_{i,1}]$の推定ボラティリティで調整して標準化したリターン$z_{t_{i,0},t_{i,1}}$に基づいて次のようにラベリングすることである。

$$
y_i = \begin{cases} -1 \text{ if } z_{t_{i,0},t_{i,1}} < -\tau, \\ \ \ 0 \text{ if } |z_{t_{i,0},t_{i,1}}| \leq \tau, \\ \ \ 1 \text{ if } z_{t_{i,0},t_{i,1}} > \tau \end{cases}
$$

固定ホライズン法の第二の懸念点は、期間$[t_{i,0},\ t_{i,1}]$内での中程度のリターンに関するすべての情報を排除してしまうことである。ポジションは通常、プロフィットテイク（利食い）とストップロス（損切り）のレベルを設定して管理されているため、問題が生じる。ストップロスの場合、ストップロスレベルはポートフォリオマネージャー自身が課しているときと、リスク管理部門が強制するときがある。したがって、固定ホライズンラベルは実際の投資の結果を代表するものとはならない可能性がある。

固定ホライズン法の第三の懸念点は、投資家は、ある正確な時点$t_{i,0}+h$でリターンが閾値τを超えるかを予測することにはほとんど興味がないということである。最大ホライズンh内で次に閾値τを超えるリターンの符号を予測するほうがより現実的である。以下に説明する手法では、この3つの懸念事項に対処する。

5.3　トリプルバリア法

金融分野では、より現実的な方法は、ポジションが成功だったか失敗だったかをラベルに反映させることである。ポートフォリオマネージャーが採用する典型的な取引ルールは、次の3つの起こりうる結果のいずれかが発生するまでポジションを保有することである。(1)未実現利益目標が達成され、成功裏にポジションをクローズする、(2)未実現損失限度に達し、失敗としてポジションをクローズする、(3)最大バー数を超えてポジションを保持し、成功でも失敗でもなくポジションをクローズする。ポジション収益の時間プロットでは、最初の2つの条件は2つの水平方向バリアを定義し、3番目の条件は垂直方向のバリアを定義する。最初に接触したバリアのバーのインデックスは$t_{i,1}$として記録される。利食いバリアが最初にタッチされたとき、その観測を$y_i=1$とラベルづけする。損切りバリアが最初にタッチされたとき、$y_i=-1$とラベルづけする。垂直バリアが最初にタッチされたときには2つの選択肢がある。$y_i=0$ とラベルをつけるか、$y_i=\mathrm{sgn}[r_{t_{i,0},\ t_{i,1}}]$ とラベルをつけるかのいずれかである。pythonでトリプルバリア法を実装したスニペットについてはLópez de Prado（2018a）を参照されたい。

利食いと損切りのバリアを設定するには、i 番目の観測時点でのポジションのサイド（ロングかショートか）を知る必要がある。ポジションのサイドが不明な場合は、バー期間$[t_{i,0},\ t_{i,0}+h]$の推定ボラティリティの関数として水平バリアを設定することができる（ここで h は垂直バリアに触れるまでのバーの数）。この場合、バリアは対称的になる。なぜなら、サイド情報がなければ、どちらのバリアが利益を意味し、どちらのバリアが損失を意味するかはわからないからである。

トリプルバリア法の固定ホライズン法と比べての主な利点は、前者がバー期間$[t_{i,0},\ t_{i,0}+h]$にまたがる経路に関する情報を取り込んでいることである。実務上も、投資機会の最大保有期間は自然に定義でき、h の値は主観的なものではない。欠点の１つは、バリアに触れることは離散的な事象であり、ぎりぎり発生したりしなかったりするかもしれない点である。次に説明する手法ではこの欠点に対処する。

5.4　トレンドスキャン法

本節では、h や利食いや損切りのバリアを定義する必要のない新しいラベリング手法を導入する。おおまかな考え方は、バリアを設定することなく、トレンドを特定してそれが持続する可能性がある限り持続させるというものである[14]。

観測値$\{x_t\}_{t=1,\dots,T}$が予測したい証券の価格時系列であるとしよう。x_tが下降トレンド、無トレンド、上昇トレンドのいずれかに属しているかどうかに基づいて、x_tのすべての観測値にラベル$y_t \in \{-1,0,1\}$を付与したい。１つの方法は、次式で示す線形時間トレンドモデルの推定回帰係数（$\hat{\beta}_1$）の t 値（$\hat{t}\hat{\beta}_1$）を計算することである。

14　トレンドスキャンのアイデアは、筆者の同僚であるLee Cohn、Michael Lock、Yaxiong Zengとの共同作業の成果である。

$$x_{t+l}=\beta_0+\beta_1 l+\varepsilon_{t+l}$$

$$\hat{t}_{\hat{\beta}_1}=\frac{\hat{\beta}_1}{\hat{\sigma}_{\hat{\beta}_1}}$$

ここで$\hat{\sigma}_{\hat{\beta}_1}$は$\hat{\beta}_1$の標準誤差、$l=0,\dots,L-1$、$L$はルックフォワード期間である。スニペット５．１は、Lによって変わるt値を計算する。

スニペット５．１　線形トレンドのt値

```
import statsmodels.api as sm1
#--------------------------------------------------
def tValLinR(close):
  #線形トレンドからのt値
  x=np.ones((close.shape[0],2))
  x[:,1]=np.arange(close.shape[0])
  ols=sm1.OLS(close,x).fit()
  return ols.tvalues[1]
```

Lの値が異なると、異なるt値が得られる。この不確定性を解決するために、異なる値のLで試行し、$|\hat{t}_{\hat{\beta}_1}|$を最大化する$L$の値を選ぶことができる。このようにして、考えられる複数のルックフォワード期間のうち、将来観測されるトレンドが最も統計的に有意になるものを採用してx_tをラベルづけする。スニペット5.2はこの処理をpythonで実装したものである。引数は次の３つである。moleculeはラベルづけしたい観測値のインデックス、closeは$\{x_t\}$の時系列、spanは最大のt値（絶対値で）を探索する際にアルゴリズムが評価するLの値の集合である。出力はデータフレームで、インデックスはx_tのタイムスタンプ、列t1は最も有意なトレンドを見つけるために使用された最も遠い観測のタイムスタンプ、列tValは評価されたルックフォワード期間のなかで最も有意な線形トレンドに関連づけられたt値で、列binはラベル（y_t）である。

トレンドスキャンラベルは直観的に理解しやすく、回帰問題と同様に分類にも使用できる。5.6節でその例を示す。

スニペット5.2　トレンドスキャン法の実装

```
def getBinsFromTrend(molecule,close,span):
  '''
  線形トレンドのt値の符号からラベルを作成
  出力：
  - t1：発見されたトレンドの終了時点
  - tVal：推定トレンド回帰係数のt値
  - bin：トレンドの符号
  '''
  out=pd.DataFrame(index=molecule,columns=['t1','tVal','bin'])
  hrzns=xrange(*span)
  for dt0 in molecule:
    df0=pd.Series()
    iloc0=close.index.get_loc(dt0)
    if iloc0+max(hrzns)>close.shape[0]:continue
    for hrzn in hrzns:
      dt1=close.index[iloc0+hrzn-1]
      df1=close.loc[dt0:dt1]
      df0.loc[dt1]=tValLinR(df1.values)
    dt1=df0.replace([-np.inf,np.inf,np.nan],0).abs().idxmax()
    out.loc[dt0,['t1','tVal','bin']]=df0.index[-1],df0[dt1],
      np.sign(df0[dt1]) # リーケージを回避
  out['t1']=pd.to_datetime(out['t1'])
  out['bin']=pd.to_numeric(out['bin'],downcast='signed')
  return out.dropna(subset=['bin'])
```

5.5 メタラベリング

金融分野でよく生じるのは、ある証券を買いたいか売りたいかは決まっているが、いくらベットすべきかはわからないケースである。ポジションのサイドを決定するモデルは、ポジションのサイズを決定するのには最適ではないかもしれない。サイズはおそらくモデルの直近のパフォーマンスの関数であるべきだが、一方ポジションのサイドを予測するのに直近のパフォーマンスは無関係である。

優れたベットサイジングモデルをもつことは非常に重要である。たとえば、適合率（precision）60％、再現率（recall）90％の投資戦略を考えてみよう。再現率が90％とは、その戦略が100の真の投資機会のうち90を予測できることを意味する。適合率が60％とは、予測された100の投資機会のうち60の投資機会が真であることを意味する。ベットサイズを60個の真の正例には小さく、40個の偽の正例には大きく設定すると、このような投資戦略は損をすることになる。投資家は価格をコントロールすることはできないため、ベットサイズを適切に決定することは重要である。

メタラベリングは、偽陽性の可能性を回避あるいは少なくとも減らすために役立つ。これは、より高い適合率と引き換えに再現率をいくらか放棄することで実現する。上記の例では、メタラベリング層を追加することで、たとえば70％の再現率と70％の適合率とし、モデルのF1-スコア（適合率と再現率の調和平均）を向上させることができる。メタラベリングのpythonでの実装は、López de Prado（2018a）を参照されたい。

メタラベリングの目的は、一次モデルの予測結果に対して二次モデルを訓練することであり、その一次モデルでは損失を“0”、利益を“1”とラベルづけする。つまり、二次モデルはサイドを予測しない。そのかわりに二次モデルは、一次モデルがその予測（メタ予測）で成功するか失敗するかを予測する。次に説明するように、“1”の予測確率を、ポジションのサイズを決定するために使用することができる。

5.5.1 期待シャープレシオによるベットサイジング

ある大きさ$\pi>0$の対称ペイオフに対し、pを投資機会が利益πをもたらす確率、$1-p$を投資機会が利益$-\pi$（すなわち損失）をもたらす確率としよう。このとき投資機会からの期待利益は$\mu=p\pi+(1-p)(-\pi)=\pi(2p-1)$である。投資機会の期待分散は$\sigma^2=4\pi^2p(1-p)$である。したがってこの投資機会のシャープレシオは次のように推定することができる。

$$z=\frac{\mu}{\sigma}=\frac{p-\frac{1}{2}}{\sqrt{p(1-p)}}$$

ここで$z\in(-\infty,+\infty)$である。投資機会のシャープレシオが標準ガウス分布に従うと仮定すると、ベットサイズは$m=2Z[z]-1$と導出できる。ここで$Z[.]$は標準ガウス分布の累積分布関数であり，$m\in[-1,1]$は一様分布に従う。

5.5.2 アンサンブル・ベットサイジング

ある投資機会が利益を生むか否かを二値予測するn個のメタラベリング分類器、$y_i=\{0,1\}, i=1,\dots,n$を考えよう。利益を生む真の確率をpとし、予測値y_iはベルヌーイ分布に従うとすると$\sum_{i=1}^{n}y_i\sim B[n,p]$となる。ここで$B[n,p]$は試行回数$n$、確率$p$の二項分布である。予測が独立同分布であると仮定すると、ド・モアブル—ラプラスの定理は、$n\to\infty$のときに$\sum_{i=1}^{n}y_i$の分布が平均np、分散np（$1-p$）のガウス分布に収束することを示している。したがって、$\lim_{n\to\infty}\frac{1}{n}\sum_{i=1}^{n}y_i\sim N[p,p(1-p)/n]$となり、これはリンデベルグ—レヴィの定理の特殊なケースである。

n個のメタラベリング分類器の平均予測値を$\hat{p}=1/n\sum_{i=1}^{n}y_i$とする。$\hat{p}$の標準偏差は$\sqrt{\hat{p}(1-\hat{p})/n}$となる。帰無仮説$H_0:p=1/2$のもとで、統計量$t=(\hat{p}-1/2)/\sqrt{\hat{p}(1-\hat{p})}\sqrt{n}$、$t\in(-\infty,+\infty)$は自由度$n-1$のスチューデントの$t$分布に従う。このとき、ベットサイズを$m=2t_{n-1}[t]-1$と導出することができる。ここで$t_{n-1}[.]$は自由度$n-1$のスチューデント$t$の累積分布関数であり、$m\in[-1,1]$は一様分布に従う。

5.6 実験結果

本節では、トレンドスキャン法を用いてラベルを生成する実例を示す。スニペット5.3では、ガウスランダムウォークを生成し、これに正弦トレンドを加えて変曲点を強制的に加えている。こうして凹と凸のセグメントを生成することによりトレンドの発見をより困難にしている。次にgetBinsFromTrend関数を呼び出し、トレンドのホライズン、t値、ラベルを取得する。

図5.1は、トレンドのあるガウスランダムウォークをプロットしたもので、4つの明確なトレンドを色で区別し、○はラベル1、●はラベル－1を表している。これらの二値ラベルは分類の問題には適しているが、トレンドの強さに関する情報を省略している。

この省略を修正するために、図5.2では同じトレンドのあるガウスランダムウォークをプロットしているが、t値の大きさを色で表している。大きな正のt値は●で、大きなマイナスのt値は●でプロットされている。ゼロに近い正の値は●で、ゼロに近い負の値は●で表示されている。この情報は、回帰モデルで使用したり、分類モデルのサンプルの重みとして使用したりすることができる。

スニペット5.3　トレンドスキャン法によるラベリング

```
df0=pd.Series(np.random.normal(0,.1,100)).cumsum()
df0+=np.sin(np.linspace(0,10,df0.shape[0]))
df1=getBinsFromTrend(df0.index,df0,[3,10,1])
mpl.scatter(df1.index,df0.loc[df1.index].values,
  c=df1['bin'].values,cmap='viridis')
mpl.savefig('fig5.1.png');mpl.clf();mpl.close()
mpl.scatter(df1.index,df0.loc[df1.index].values,c=c,cmap='viridis')
```

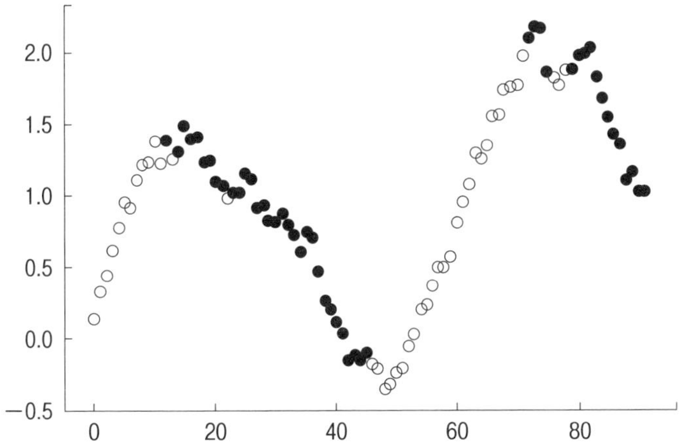

図５.１　トレンドスキャン法のラベリングの例

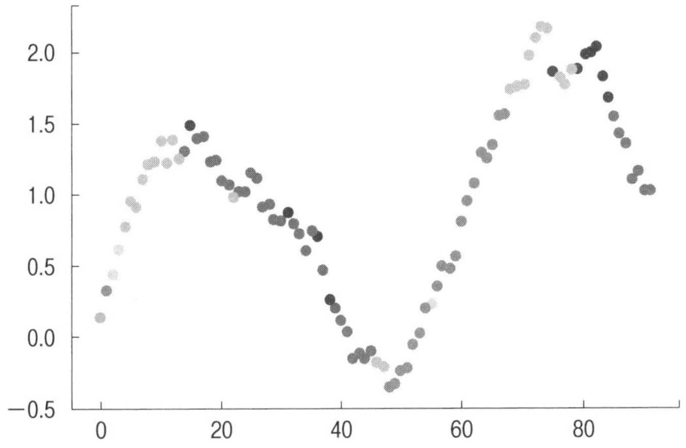

図５.２　トレンドスキャン法の t 値の例

5.7　結　論

本章では、金融分野で有用な４つのラベリング手法を紹介した。固定ホライズン法は研究文献の多くで使われているが、複数の制約に悩まされている。主な制約として、固定ホライズンラベルの分布が定常的ではない可能性があること、これらのラベルは経路依存の情報を排除すること、与えられた閾値を超える次の絶対リターンの符号を予測するほうがより実用的であることをあげた。

トリプルバリア法は、取引ルールの結果をシミュレートすることで、これらの懸念に対処する。欠点としては、バリアに触れることは離散的なイベントであり、ぎりぎり発生する場合もあれば発生しない場合もある。これに対処するために、トレンドスキャン法では、異なるルックフォワード期間のなかで最も強い線形トレンドの符号を、関連する t 値とともに決定する。トレンドスキャンラベルは直観的であることが多く、回帰問題と分類問題に使用することができる。最後にメタラベリング法は、ポジションのサイドがあらかじめ決められていて、サイズの学習にのみ興味があるような場合に有用である。適切なベットサイジングは、より高い適合率と引き換えに再現率をいくらか放棄することにより、戦略のパフォーマンスを向上させるのに役立つ。

5.8　練習問題

1　E-mini S&P 500先物の時系列が与えられたとして、固定ホライズン法を用いて1分のタイム・バーでラベルを計算せよ。τ は1分間リターンの標準偏差の2倍に設定せよ。

a　ラベルの全体的な分布を計算せよ。

b　1日のなかで、取引セッションの1時間ごとにおけるラベルの分布を計算せよ。

c　(b)の分布は(a)の分布と比べてどのように異なるか？　それはなぜか？

2　（リターン原系列のかわりに）標準化されたリターンにラベルをつけ、その標準化は1時間のルックバックの平均と分散の推定値に基づいて、問題1を繰り返そう。異なる結論に達するだろうか？

3　ボリューム・バーとトリプルバリア法を適用して問題1を繰り返そう。最大保有期間は1日の平均バー数、水平バリアはバーのリターンの標準偏差の２倍に設定せよ。結果は、問題１、２の解答と比べてどうなるか？

4　トレンドスキャン法を適用して問題１を繰り返そう。結果は、問題１、２、３と比べてどうなるか？

5　問題３（トリプルバリア法）で生成されたラベルを使用する。

a　これらのラベルにランダムフォレスト分類器をフィットさせよう。平均リターン、ボラティリティ、歪度、尖度、移動平均のさまざまな差などの推定値を特徴量として使用せよ。

b　ラベルを生成するために使用したのと同じルールを取引ルールとして使用して、これらの予測をバックテストせよ。

c　バックテスト結果にメタラベリングを適用せよ。

d　(a)で予測されたラベルを特徴量として追加して、メタラベル上でランダムフォレストを再度フィットさせよう。

e　(d)の予測に従って(a)のベットサイズを決め、バックテストを再計算せよ。

第6章

特徴量の重要度分析

6.1 はじめに

1,000ピースのジグソーパズルが10組あり、そのピースが1つの箱にすべて混ぜられているとしよう。そして、10組のうち1組のパズルを解くよう求められたとしよう。作業を進めるための合理的な方法は、タスクを2つのステップに分けることである。最初のステップでは、1,000個の重要なピースを選び、9,000個の無関係なピースを捨てる。たとえば、約10分の1のピースはプラスチックでできていて、残りは紙でできていることに気づくかもしれない。紙のピースをすべて捨てれば、ピースの模様に関係なく、1組のパズルを分離することができる。次のステップでは、分離した1,000個のピースに対して構造を当てはめる。パターンが何であるかを推測し、推測に従ってピースを並べ替える。

ここで、多くの説明変数候補の関数として動的システムをモデル化しようとするリサーチャーを考えてみよう。これらの変数候補のうち、関連性があると予想されるのはごく一部のサブセットだけだが、リサーチャーにはどの変数が重要かは事前にはわからない。金融文献で一般的に行われているアプローチは、推測した関数型を推測した変数のサブセットに当てはめて、どの変数が統計的に有意であるかをみるというものである（変数間のすべての相互作用効果を含め、推測した関数型が正しいことが前提となる）。このようなアプローチは直観的でなく、未探索の仕様によって明らかになるかもしれない重要な変数を見逃してしまう可能性がある。かわりに、リサーチャーはジグソーパズルと同じ手順を踏むことができる。最初に、関数形式に関係なく重要な変数を分離し、その後、それらの分離された変数と整合性のある特定の仕様を変数にフィットさせるという手順である。機械学習の手法を用いることで、仕様の探索と変数の探索を切り離すことができるのである。

本章では、理論の開発に取り組むリサーチャーに対し、機械学習が直観的で効果的なツールを提供することを示す。これは、教師あり機械学習モデルはブラックボックスであるという俗説に反するものである。その俗説は、教師あり機械学習アルゴリズムは予測パターンを発見するが、リサーチャーはそれを理解することができないというものである。言い換えれば、アルゴリズズムが何かを学習したのであって、リサーチャーが学習したのではないというものである。このような批判は無意味である。

教師あり機械学習アルゴリズムは（たとえば回帰のように）閉形式の代数的解を得るものではない。しかし、アルゴリズムによる予測を分析することによって、ある現象にどの変数が決定的に関与しているのか、どの変数が冗長なのか、どの変数が役に立たないのか、そして変数がどのように相互作用しているのかを知ることができる。この種の分析は、"特徴量の重要性分析"として知られており、その力を利用するには、以前の章で学んだことをすべて使う必要がある。

6.2 p 値

古典的な回帰の枠組みでは、モデル仕様が正しいこと、説明変数間の相関がゼロであること、残差がホワイトノイズであることなど、モデルに関して多くの仮定を置く。これらの仮定が真であることを条件として、仮説検定によって説明変数の重要性を決定する[15]。説明変数の有意性を表現する一般的な方法はその p 値によるものであり、これは1700年代にまでさかのぼる概念である（Brian and Jaisson 2007）。p 値は、その説明変数の真の係数がゼロであると仮定したとき、推定した結果と同等かそれ以上の極端な結果が得られる確率を定量化したものである。p 値は、データが指定された統計モデルとどれだけ矛盾しているかを示すものである。一方、p 値は、帰無仮説も対立仮説も真ではない確率や、データがランダムである確率を測定するものではない。また、p 値は効果の大きさや結果の有意性を測定するものでもない[16]。p 値の誤用はあまりにも広まっているため、米国統計協会は統計的有意性の尺度としての p 値の適用を奨励していない（Wasserstein et al. 2019）。このことは、ファイナンスにおける数十年にわたる実証研究に疑問

15　いくつかの有意性検定では、残差がガウス分布に従うことも要求される。

16　詳細については、米国統計協会（2016）の"Statement on Statistical Significance and P-Values"（統計的有意性とP値に関する声明）とWasserstein and Lazar（2016）を参照のこと。

を投げかけている。ここではp値にかわるものを探すために、まずp値の落とし穴を理解しよう。

6.2.1　p値のいくつかの注意点

p値の最初の注意点は、上で列挙したような強い仮定に依存していることである。これらの仮定が正しくない場合、回帰係数の真値がゼロであってもp値は低くなり（偽陽性）、回帰係数の真値がゼロでなくてもp値は高くなる（偽陰性）。

p値の2番目の注意点は、多重共線性（相互に相関する）が大きい説明変数の場合、p値をロバストに推定できないことである。多重共線性のもとでは、伝統的な回帰分析では冗長な説明変数を識別できず、関連するp値間の代替効果をもたらす。

p値の3番目の注意点は、完全には関係のない確率を評価している点である。帰無仮説H_0と推定回帰係数$\hat{\beta}$があるとき、p値は、H_0が真であることを条件に、$\hat{\beta}$と同程度以上に極端な結果を得る確率を推定したものである。しかしリサーチャーは、別の確率、すなわち$\hat{\beta}$が観測されたことを条件に、H_0が真である確率により関心をもつことが多い。この確率はベイズの定理を用いて計算することができるが、残念ながらその代償として追加の仮定（ベイズ事前分布）を置かなければならない[17]。

p値の4番目の注意点は、有意性の評価をインサンプルで行うことである。サンプル全体が、回帰係数の推定とその有意性の検定という2つのタスクに使用される。したがって、アウトオブサンプルの説明力（予測力）をもたない変数でも、p値は低い（つまり有意）かもしれない。同じデータセットで複数のインサンプル検定を実行することは、p-ハッキングと呼ばれており、誤った発見をもたらす可能性がある。

要約すると、p値は、多くの仮定を置いて（注意点#1）本当に必要のない確率（注意点#3）のノイズの多い推定（注意点#2）を生成し、アウトオブサンプルに一般化できない可能性がある（注意点#4）。これらは余計な心

17　この議論は8.2節で再検討する。

配事ではない。理論的には、古典的手法の主な利点は、各説明変数に有意性を透明性をもって割り当てることである。しかし、この古典的な割当てには実務上多くの注意点があり、古典的手法はこうした注意点を克服する現代の計算技術の助けを借りるべきである。

6.2.2　数値例

40個の特徴量からなる二値ランダム分類問題を考えよう。40個の特徴量のうち5個は情報をもち（有効で）、30個は冗長で、5個はノイズである。スニペット6.1は、関数getTestDataを実装しており、有効な（informative）特徴量、冗長な（redundant）特徴量、ノイズ（noise）特徴量を生成する。有効な特徴量（プレフィクス“I_”）はラベルを生成するために使用される特徴量である。冗長な特徴量（プレフィクス“R_”）は、ランダムに選択した有効な特徴量にガウスノイズを加えて生成される（sigmaStdの値が低いほど代替効果が大きくなる）。ノイズ特徴量（プレフィクス“N_”）は、ラベルの生成に使用されない特徴量である。

図6.1に、これらの特徴量でロジット回帰を実施した結果のp値をプロットした。横棒はp値を示し、縦の破線は5％有意水準を示す。35個の非ノイズ特徴量のうち4個（I_1、R_29、R_27、I_3）だけが統計的に有意となった。またノイズ特徴量は、比較的重要とランクされた（順位は9、11、14、18、26）。最も重要ではないとランクづけされた特徴量のうち、14個はノイズではない。つまりこれらのp値は、先に説明した理由によって、真実を誤って示している。

残念ながら金融データは、投資対象の大部分が市場、セクター、格付、バリュー、モメンタム、クオリティ、デュレーションなど共通のリスクファクターを共有する結果、多重共線性が非常に強くなる傾向がある。このような状況下では、金融研究者はp値だけに頼るのをやめるべきである。金融研究者は、ある現象に対してどの変数が有効な情報をもっているかを判断するための別の手法を熟知しておくことが重要である。

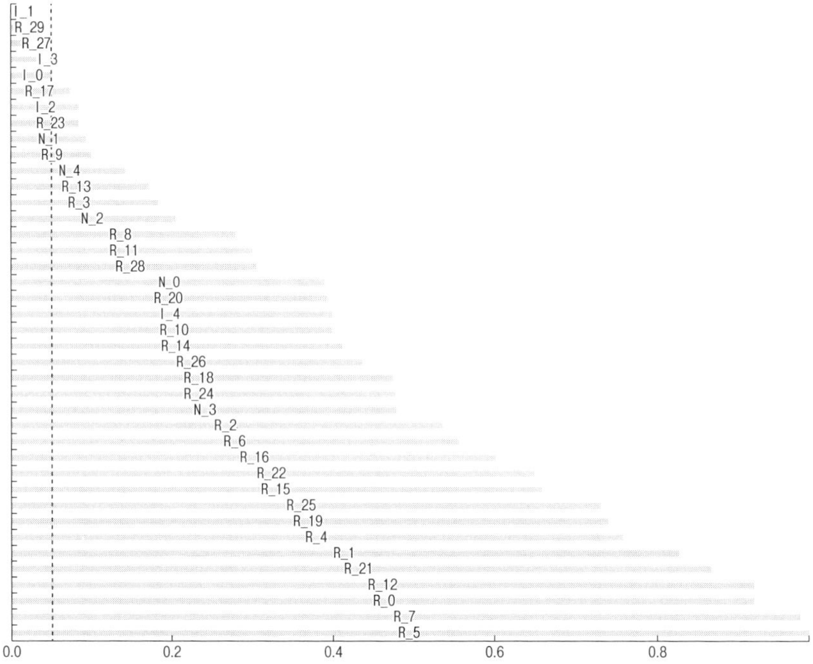

図6.1　説明変数の p 値

スニペット6.1　情報あり、冗長、ノイズ説明変数の生成

```
def getTestData(n_features=100,n_informative=25,n_redundant=25,
  n_samples=10000,random_state=0,sigmaStd=.0):
  #分類問題用のランダムデータを生成
  from sklearn.datasets import make_classification
  np.random.seed(random_state)
  X,y=make_classification(n_samples=n_samples,
    n_features=n_features-n_redundant,
    n_informative=n_informative,n_redundant=0,shuffle=False,
    random_state=random_state)
  cols=[‘I_’+str(i) for i in xrange(n_informative)]
```

```
  cols+=[‘N_’+str(i) for i in xrange(n_features-n_informative-\
    n_redundant)]
  X,y=pd.DataFrame(X,columns=cols),pd.Series(y)
  i=np.random.choice(xrange(n_informative),size=n_redundant)
  for k,j in enumerate(i):
    X[‘R_’+str(k)]=X[‘I_’+str(j)]+np.random.normal(size=\
      X.shape[0])*sigmaStd
  return X,y
#---------------------------------------------------------------
import numpy as np,pandas as pd,seaborn as sns
import statsmodels.discrete.discrete_model as sm
X,y=getTestData(40,5,30,10000,sigmaStd=.1)
ols=sm.Logit(y,X).fit()
```

6.3 特徴量の重要度分析

本節では、機械学習を用いた特徴量重要度分析の2つの手法が、計算技術を用いて最小限の仮定でp値の問題点を解決していることを解説する。機械学習の解釈可能性の他の例としては、Accumulative Local Effect（Apley 2016）やShapley Value（Štrumbelj 2014）がある。

6.3.1 平均不純度減少量（Mean-Decrease Impurity）

観測ごとにF個の特徴量 $\{X_f\}_{f=1,\ldots,F}$と1つのラベルから構成されるサイズNの学習サンプルがあるとしよう。ツリーベースの分類（または回帰）アルゴリズムは、各ノードtでラベルを次のように2つのサンプルに分割する。ある特徴X_fに対し、閾値τ以下のX_fに対応するノードtのラベルは左側のサンプル、残りのラベルは右側のサンプルに配置する。この各サンプルについて、その不純度はラベル分布のエントロピー、またはジニ係数、または他の基準によって評価することができる。直観的にわかるように、あるサンプルが1種類のラベルだけを含むときが最も純度が高く、ラベルが一様分布に従うときが最も不純度が高くなる。分割の結果として獲得する情報ゲインを、不純度の減少という観点から次式のように測定する。

$$\Delta g[t,f] = i[t] - \frac{N_t^{(0)}}{N_t} i[t^{(0)}] - \frac{N_t^{(1)}}{N_t} i[t^{(1)}]$$

ここで、$i[t]$ はノード t（分割前）におけるラベルの不純度、$i[t^{(0)}]$ は左サンプルにおけるラベルの不純度、$i[t^{(1)}]$ は右サンプルにおけるラベルの不純度である。各ノード t において、分類アルゴリズムは、$\{X_f\}_{f=1,\ldots,F}$ の各特徴量について $\Delta g[t,f]$ を評価し、それぞれについて $\Delta g[t,f]$ を最大化する最適閾値 τ を決定し、最大 $\Delta g[t,f]$ に対応する特徴量 f を選択する。分類アルゴリズムは、追加の情報ゲインが得られなくなるか、最大許容限界以下の不純度を達成するなどの早期停止条件が満たされるまで、サンプルをさらに分割し続ける。

特徴量の重要度は、その特徴量が選択されたすべてのノードでの情報ゲイン（$\Delta g[t,f]$）の加重和として計算することができる。このツリーベースの特徴量重要度の概念は、Breiman（2001）によって導入され、MDI（mean-decrease impurity）として知られている。設計上、各特徴量のMDI値は0と1の間に制限されており、総計は1になる。F 個の特徴量のすべてが非情報的である（あるいは等しく情報的である）場合、各MDI値は $1/F$ になる。ランダムフォレストのように決定木のアンサンブルを組み合わせるアルゴリズムでは、さらに全ツリーの各特徴量のMDI値の平均と分散を推定することができる。この平均と分散の推定値は、中心極限定理とともに、ユーザーが定義する帰無仮説に対する特徴量の有意性を検定するのに役立つ。スニペット6.2は、アンサンブルMDIを実装している。MDIの使用方法についての実用的なアドバイスは、López de Prado（2018a）を参照されたい。

スニペット6.2　アンサンブルMDI

```
def featImpMDI(fit,featNames):
  #インサンプルでのMDIに基づく特徴量重要度
  df0={i:tree.feature_importances_for i,tree in\
    enumerate(fit.estimators_)}
  df0=pd.DataFrame.from_dict(df0,orient='index')
  df0.columns=featNames
  df0=df0.replace(0,np.nan)#because max_features=1
  imp=pd.concat({'mean':df0.mean(),
    'std':df0.std()*df0.shape[0]**-.5},axis=1) # CLT
  imp/=imp['mean'].sum()
  return imp
#------------------------------------------------------------
from sklearn.tree import DecisionTreeClassifier
from sklearn.ensemble import BaggingClassifier
X,y=getTestData(40,5,30,10000,sigmaStd=.1)
clf=DecisionTreeClassifier(criterion='entropy',max_features=1,
  class_weight='balanced',min_weight_fraction_leaf=0)
clf=BaggingClassifier(base_estimator=clf,n_estimators=1000,
  max_features=1.,max_samples=1.,oob_score=False)
fit=clf.fit(X,y)
imp=featImpMDI(fit,featNames=X.columns)
```

図6.2は、図6.1のランダム分類問題にMDIを適用した結果のプロットである。横棒はランダムフォレスト中の1,000本の木のMDI値の平均値、線はその平均値の標準偏差を示している。森に木を追加すればするほど、平均値の標準偏差は小さくなる。ノイズでない（有効なまたは冗長な）特徴量はすべてノイズ特徴量よりも上位にランクされており、MDIはよい仕事をしているといえる。それでも、いくつかの非ノイズ特徴量がほかよりもはる

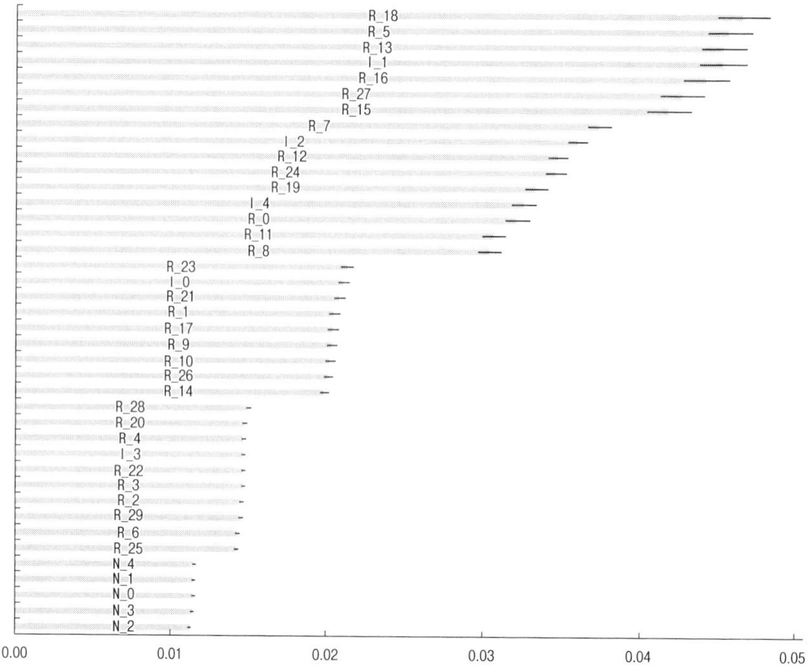

図６．２　MDIの例

かに重要であるとされている。これは、冗長な特徴量の存在下で予想される代替効果といえる。６．５節では、この懸念点に対する解決策を提案する。

p 値の４つの注意点のうち、MDI法は３つに対処している。(1)MDIの計算の性質により、分布に対する誤った強い仮定の必要性を回避できる（注意点#1)。特定のツリー構造や関数型を前提としたり、残差の確率的特性や分布的特性に依存しない。(2)ベータは単一標本から推定されるのに対し、アンサンブルMDIは複数のツリーのブートストラップから得られる。したがって、一般的なアンサンブル法または特にランダムフォレストでは、木の数を増やすことによってMDIの推定値の分散を減少させることができる（注意点#2)。これにより、オーバーフィッティングによる偽陽性の確率を減らすことができる。また、MDIの推定は、p 値とは異なり、悪条件となる可能性のある行列の逆行列計算を必要としない。(3)ツリーベースの分類器の目的は、与えられた代数方程式の係数を推定することではない。したがって特定の帰無仮説の確率を推定することは無関係である。言い換えれば、MDIは、特定のパラメトリック仕様に関係なく、一般的に重要な特徴を発見する。これによって注意点#3に対処する。

MDIのアンサンブル推定値は、十分な木の数が与えられると低い分散を示すので、p-ハッキングの懸念を減らすことができる。しかし、この手法自体は交差検証を伴わない。p値の注意点のうちMDIが解決しない残りの1つは、MDIがインサンプルで計算されることである（注意点#4)。この最後の注意点に対処するために、平均正解率減少量（MDA）の概念を導入する。

6.3.2　平均正解率減少量（Mean-Decrease Accuracy）

p値とMDIの両方に共通する欠点は、説明目的（インサンプル）では有意にみえる変数が、予測目的（アウトオブサンプル）では無関係かもしれないことである。この問題（注意点#4）を解決するために、Breiman（2001）は平均正解率減少量（MDA）法を導入した[18]。MDA法は次のようなものである。まず、モデルをフィットさせ、その交差検証済性能を計算する。第二に、特徴量のうち1つをシャッフルして、同じモデルの交差検証済性能を計算する。これにより、特徴量ごとに1つの修正された交差検証済性能が得られる。第三に、シャッフル前後の交差検証済性能を比較して、特定の特徴量のMDAを導出する。もしその特徴量が重要であれば、特徴量が独立している限り、シャッフルによって性能が大きく低下するはずである。MDAの重要な特性は、アンサンブルMDIと同様に、単一の推定値ではなく複数の推定値（k-fold交差検証のテストセットごとに1つずつ）の平均であることである。

各特徴量が独立でない場合、MDAは相互に関連した特徴量の重要性を過小評価することがある。極端な場合、非常に重要だが同一の2つの特徴量が与えられると、MDAは両方の特徴量が相対的に重要ではないと結論づける可能性がある。なぜなら、1つの特徴量をシャッフルする効果が、もう1つ

18　順列重要度（permutation importance）とも呼ばれる。

の特徴量をシャッフルしないことによって部分的に補償されるかもしれないからである。この懸念点については6．5節で議論する。

MDA値には境界がなく、ある特徴量をシャッフルするとき、それが有効でないどころか有害な特徴量の場合には、交差検証ずみの性能を改善する可能性もある。MDAは交差検証のステップを含むため、計算コストがかかる。スニペット6．3はMDAを実装している。MDAの使用法についての実用的なアドバイスはLópez de Prado（2018a）を参照されたい。

スニペット6．3　MDAの実装

```
def featImpMDA(clf,X,y,n_splits=10):
  #アウトオブサンプルでのスコア低下に基づく特徴量重要度
  from sklearn.metrics import log_loss
  from sklearn.model_selection._split import KFold
  cvGen=KFold(n_splits=n_splits)
  scr0,scr1=pd.Series(),pd.DataFrame(columns=X.columns)
  for i,(train,test) in enumerate(cvGen.split(X=X)):
    X0,y0=X.iloc[train,:],y.iloc[train]
    X1,y1=X.iloc[test,:],y.iloc[test]
    fit=clf.fit(X=X0,y=y0) # フィットを実施
    prob=fit.predict_proba(X1) # シャッフル前に予測を実行
    scr0.loc[i]=-log_loss(y1,prob,labels=clf.classes_)
    for j in X.columns:
      X1_=X1.copy(deep=True)
      np.random.shuffle(X1_[j].values) # 1つの列をシャッフル
      prob=fit.predict_proba(X1_) # シャッフル後に予測を実行
      scr1.loc[i,j]=-log_loss(y1,prob,labels=clf.classes_)
  imp=(-1*scr1).add(scr0,axis=0)
  imp=imp/(-1*scr1)
  imp=pd.concat({'mean':imp.mean(),
    'std':imp.std()*imp.shape[0]**-.5},axis=1) # CLT
```

```
  return imp
#------------------------------------------------------------------
X,y=getTestData(40,5,30,10000,sigmaStd=.1)
clf=DecisionTreeClassifier(criterion=‘entropy’,max_features=1,
  class_weight=‘balanced’,min_weight_fraction_leaf=0)
clf=BaggingClassifier(base_estimator=clf,n_estimators=1000,
  max_features=1.,max_samples=1.,oob_score=False)
imp=featImpMDA(clf,X,y,10)
```

図６．３は、図６．２のランダム分類問題にMDAを適用した結果のプロットである。MDIの例と同様の結論を導き出すことができる。まず、MDAは全体的にノイズ特徴量をほかから分離するのに優れた仕事をしており、ノイズ特徴量は下位にランクされている。第二に、ノイズ特徴量のMDA値はほぼゼロであり、大きさ的にも重要ではないという結果になっている。第三に、代替効果によってMDA重要度の分散は高くなっているが、非ノイズ特徴量の重要性が疑われるほど分散は高くはない。

平均正解率減少量という名前ではあるが、MDAは交差検証ずみの性能を評価するために必ず正解率に依存するわけではない。MDAは他のパフォーマンススコアに基づいて計算することもできる。実際、金融の特定のケースでは、正解率はよい選択ではない。その理由は、正解率は正しい予測の割合で分類器をスコアリングするからで、これには確率が考慮されないという欠点がある。たとえば、低い確信度でよい予測をし、高い確信度で悪い予測をした場合にも、その分類器の正解率は高くなる可能性がある。次節では、この懸念に対処したスコアリング関数を紹介する。

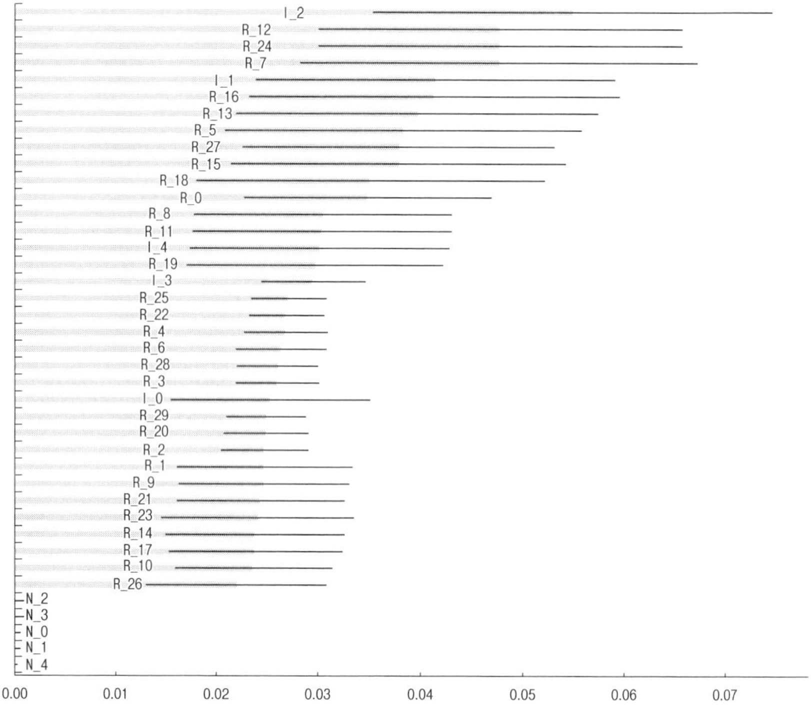

図6.3　MDAの例

6.4　確率加重正解率(Probability-Weighted Accuracy)

金融分野では、正解率にかわるよい選択肢として、対数損失（log-loss、クロスエントロピー損失としても知られる）がある。対数損失は、真のラベルの平均対数尤度で分類器をスコアリングする（正式な定義はLópez de Prado 2018aの9.4節を参照)。しかし、1つの欠点は、対数損失スコアを解釈したり比較したりすることが容易でないことである。これに対して考えうる解決策は、真のラベルの負の平均尤度（negative average likelihood、NegAL）を計算することである。

$$\text{NegAL} = -N^{-1}\sum_{n=0}^{N-1}\sum_{k=0}^{K-1} y_{n,k}p_{n,k}$$

ここで$p_{n,k}$は予測nがラベルkとなる確率、$y_{n,k}$は観測nがラベルkとなった場合は$y_{n,k}=1$、そうでない場合は$y_{n,k}=0$となるインディケーター関数$y_{n,k} \in \{0,1\}$である。これは対数損失に非常に似ているが、対数尤度でなく尤度を平均するという違いがあるため、NegALは0と1の間の値をとる。

別の方法として、確率加重正解率（probability-weighted accuracy、PWA）を次のように定義することもできる。

$$\mathrm{PWA} = \sum_{n=0}^{N-1} y_n \left(p_n - K^{-1}\right) \Big/ \sum_{n=0}^{N-1} \left(p_n - K^{-1}\right)$$

ここで、$p_n = \max_k \{p_{n,k}\}$で、y_nは予測が正しかった場合は$y_n=1$、そうでない場合は$y_n=0$となるインディケーター関数$y_n \in \{0,1\}$である[19]。これは、分類器がすべての予測に対して絶対の確信をもっている場合（すべてのnに対して$p_n=1$）には、通常の正解率と等価である。PWAは、高い確信度で行われた悪い予測に対して、正解率よりも厳しくペナルティを課すが、対数損失よりも厳しくはない。

6.5 代替効果

代替効果は、2つの特徴量が予測情報を共有するときに発生する。代替効果によって、特徴量の重要度分析の結果にバイアスがかかることがある。MDIの場合、2つの同一の特徴量は等しい確率でランダムに選ばれるので、その重要性は半減する。MDAの場合、2つの同一の特徴量は、たとえ重要であっても相対的に重要ではないと考えられる可能性がある。なぜなら、1つの特徴量をシャッフルする効果が、もう1つの特徴量をシャッフルしないことによって部分的に補償されるかもしれないからである。

6.5.1 直交化

特徴量が高度に共依存している場合、その重要性はロバストな方法で評価できない。観測値の小さな変化が、推定された重要度に劇的な影響を与える

19 PWAのアイデアは、筆者と同僚のLee Cohn、Michael Lock、Yaxiong Zengとの共同作業の成果である。

可能性がある。この影響はランダムではない。2つの共依存性の高い特徴量があるときは、一方の重要度の低下は、他方の重要度の上昇で補われる。言い換えれば、共依存性は、特徴量の重要性を評価する際に代替効果を生じさせる。

多重共線性の解決策の1つは、特徴量にPCAを適用して直交主成分を導出し、それらに対してMDIまたはMDAを実行することである（詳細については、López de Prado 2018aの第8章を参照）。このように直交化された特徴量は代替効果に対してロバストだが、3つの注意点がある。(1)有効な特徴量の非線形な組合せでできた冗長な特徴量は、やはり代替効果を引き起こす、(2)主成分は直観的に理解できない場合がある、(3)主成分は固有ベクトルによって定義され、それらは必ずしもモデルのアウトオブサンプル性能を最大化するとは限らない（Witten et al. 2013）。

6.5.2　クラスター特徴量重要度

よりよいアプローチは、基底の変換を必要とせず、類似した特徴量をクラスタリングし、クラスターレベルで特徴量重要度分析を適用することである。設計上、クラスターは相互に非類似であるため、代替効果を抑えることができる。基底を変換することなく、特徴量集合の分割に対して分析を行うため、直観的な結果が得られることが多い。

この考え方を実装したアルゴリズムを1つ紹介しよう。クラスター特徴量重要度（clustered feature importance、CFI）アルゴリズムは、以下の2つのステップで構成される。(1)特徴量のクラスターの数と構成要素を求める、(2)重要度分析を個々の特徴量ではなく、類似した特徴量のグループに適用する。

ステップ1：特徴量クラスタリング

まず、観測された特徴量を測度空間に射影し、行列 $\{X_f\}_{f=1,\dots,F}$を生成する。この行列を生成する際に、4.4.1項で述べた相関に基づくアプローチに従うことができる。もう1つの可能性としては、情報理論的な概念（Variation of Informationなど）を適用して、特徴量を距離空間で表現することがあげられる（第3章参照）。情報理論的な距離測度は、有効な特徴量の非線形な組合せでできた冗長な特徴を認識できるという利点がある[20]。

第二に、ONCアルゴリズムのような最適なクラスター数と構成を決定する手法を適用する（第4章参照）。ONCは、各特徴量が1つだけのクラスターに属する場合のクラスターの数と構成を求めることを思い出そう。同じクラスターに属する特徴量は多くの情報を共有し、異なるクラスターに属する特徴量は比較的少量の情報しか共有しない。

1つの特徴量が複数のクラスターにまたがる複数の特徴の組合せとなっていることが理由で、シルエットスコアが低くなることがある。ONCは1つの特徴量を複数のクラスターに割り当てることができないため、これは問題となる。この場合、以下のような変換を行うことで、多重共線性を低減できる可能性がある。各クラスター$k=1,\dots,K$について、そのクラスターに含まれる特徴量をクラスターk以外の特徴量の情報を含まない残差特徴量に置き換える、というものである。正確には、D_kをクラスターkに含まれる特徴量インデックス$D=\{1,\dots,F\}$ のサブセット、つまり$D_k \subset D$、$\|D_k\|>0$、$\forall k$; $D_k \cap D_l=\emptyset$、$\forall k \neq l$; $\bigcup_{k=1}^{K} D_k = D$とする。次に、特徴量$X_i$($i \in D_k$) について、残差特徴量$\hat{\varepsilon}_i$を次式の当てはめによって計算する。

$$X_{n,i} = \alpha_i + \sum_{j \in \left\{ \bigcup_{l<k} D_l \right\}} \beta_{i,j} X_{n,j} + \varepsilon_{n,i}$$

ここで$n=1,\dots,N$は特徴量当りの観測値のインデックスである。上記の回帰の自由度が低すぎる場合は、$K-1$個のベータのみを推定すればよいように、各クラスター内の特徴量の線形の組合せ（たとえば最小分散でのウェイトに従って）を回帰子として使用することも選択肢の1つである。OLS残差の特性の1つは、回帰子に直交するということである。したがって、各特徴量X_iをその残差に相当する$\hat{\varepsilon}_i$で置き換えることにより、クラスターkから他のクラスターに含まれている情報を削除し、クラスターkにのみ属する情報を残すことができる。繰り返すが、シルエットスコアによって特徴量が各クラスターに属していることが明確な場合には、この変換は必要ない。

20　情報理論的な距離測度を用いた特徴量のクラスタリングの例は、https://ssrn.com/abstract=3517595 を参照されたい。

ステップ２：クラスター重要度

ステップ１で、特徴量のクラスターの数と構成を特定した。この情報を利用して、個々の特徴量に対してではなく、類似した特徴量のグループに対してMDIやMDAを適用する。以下では、分割的アルゴリズムによって特徴量をクラスタリングしたと仮定しているが、このクラスター重要度の概念は、階層的クラスターにも適用することが可能である。

クラスターMDI

６．３．１項でみたように、特徴量のMDIは、その特徴量が選択されたすべてのノードでの不純度減少量の合計である。クラスターMDIは、そのクラスターを構成する特徴量のMDI値の合計として計算する。１つのクラスターが１つの特徴量のみを含む場合、MDIとクラスターMDIは同じ値になる。ツリーのアンサンブルの場合、各ツリーは１つのクラスターMDIをもち、特徴量MDIの場合と同様に、クラスターMDIの平均と標準偏差を計算することができる。スニペット６．４は、クラスターMDIを推定する手順を実装している。

スニペット６．４　クラスターMDI

```
def groupMeanStd(df0,clstrs):
  out=pd.DataFrame(columns=['mean','std'])
  for i,j in clstrs.iteritems():
    df1=df0[j].sum(axis=1)
    out.loc['C_'+str(i),'mean']=df1.mean()
    out.loc['C_'+str(i),'std']=df1.std()*df1.shape[0]**-.5
  return out
#-------------------------------------------------------------------
def featImpMDI_Clustered(fit,featNames,clstrs):
  df0={i:tree.feature_importances_for i,tree in\
    enumerate(fit.estimators_)}
  df0=pd.DataFrame.from_dict(df0,orient='index')
  df0.columns=featNames
```

```
  df0=df0.replace(0,np.nan) # max_features=1のため
  imp=groupMeanStd(df0,clstrs)
  imp/=imp['mean'].sum()
  return imp
```

クラスターMDA

ある特徴量のMDAは、その特徴量をシャッフルする前後のアルゴリズムの性能を比較することで計算される。クラスターMDAを計算する場合、1つの特徴量をシャッフルするのではなく、与えられたクラスターを構成するすべての特徴量をシャッフルする。1つのクラスターが1つの特徴量のみを含む場合、MDAとクラスターMDAは同じ値になる。スニペット6.5は、クラスターMDAを推定する手順を実装している。

スニペット6.5　クラスターMDA

```
def featImpMDA_Clustered(clf,X,y,clstrs,n_splits=10):
  from sklearn.metrics import log_loss
  from sklearn.model_selection._split import KFold
  cvGen=KFold(n_splits=n_splits)
  scr0,scr1=pd.Series(),pd.DataFrame(columns=clstrs.keys())
  for i,(train,test) in enumerate(cvGen.split(X=X)):
    X0,y0=X.iloc[train,:],y.iloc[train]
    X1,y1=X.iloc[test,:],y.iloc[test]
    fit=clf.fit(X=X0,y=y0)
    prob=fit.predict_proba(X1)
    scr0.loc[i]=-log_loss(y1,prob,labels=clf.classes_)
    for j in scr1.columns:
      X1_=X1.copy(deep=True)
      for k in clstrs[j]:
        np.random.shuffle(X1_[k].values) # クラスターをシャッフル
      prob=fit.predict_proba(X1_)
```

```
        scr1.loc[i,j]=-log_loss(y1,prob,labels=clf.classes_)
    imp=(-1*scr1).add(scr0,axis=0)
    imp=imp/(-1*scr1)
    imp=pd.concat({‘mean’:imp.mean(),
      ‘std’:imp.std()*imp.shape[0]**-.5},axis=1)
    imp.index=[‘C_’+str(i) for i in imp.index]
    return imp
```

6.6 実験結果

この実験では、クラスターMDIとMDAの手順を、クラスター化しないMDIとMDAで使用したのと同じデータ（6.3.1項と6.3.2項参照）でテストする。このデータセットは40個の特徴量からなり、そのうち5個は有効、30個は冗長、5個はノイズである。まず、この特徴量の相関行列にONCアルゴリズムを適用する[21]。数値シミュレーションでない場合は、クラスタリングの前に第2章で説明したように相関行列をノイズ除去してデトーニングするのが望ましい。この実験では手法のロバスト性をテストするのが目的であるため、そうしていない（ノイズ除去とデトーニングした相関行列のほうが結果はよいと思われる)。

図6.4は、ONCアルゴリズムが6つのクラスター（有効な特徴量それぞれに1つのクラスター、ノイズ特徴量の1つのクラスター）があることを正しく認識し、冗長な特徴量をその導出元の有効な特徴量のクラスターに正しく割り当てていることを示している。クラスター間の相関は低いため、（6.5.2節ステップ1で提案したように）特徴量を残差特徴量に置き換える必要はない。スニペット6.6はこの例を実装している。

21　練習問題に、正規化Variation of Informationを用いて計算された特徴量のメトリック投影にONCを適用する問題をあげた。

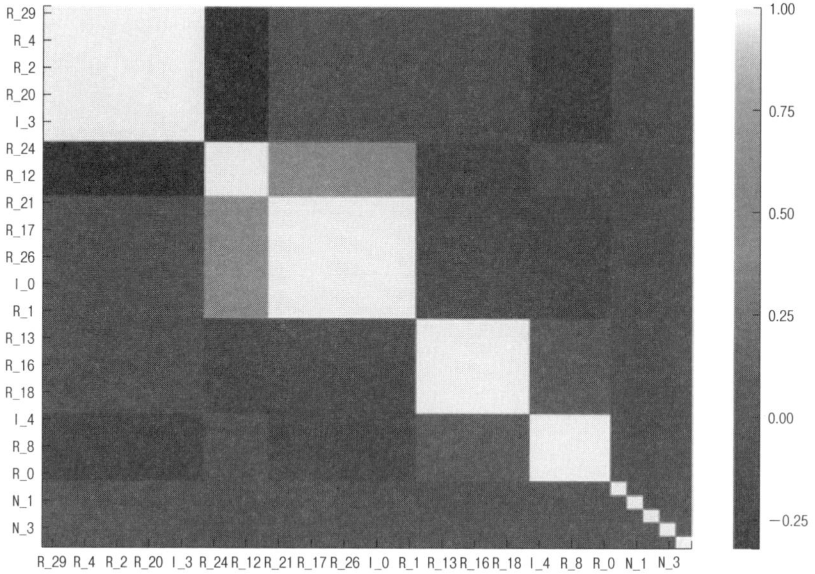

図６．４　ONCは有効な特徴量と冗長な特徴量を同じクラスターに分けることに成功している

スニペット６．６　特徴量クラスタリングのステップ

```
X,y=getTestData(40,5,30,10000,sigmaStd=.1)
corr0,clstrs,silh=clusterKMeansBase(X.corr(),maxNumClusters=10,
  n_init=10)
sns.heatmap(corr0,cmap='viridis')
```

次に、クラスターMDI法をこのデータセットに適用する。図６．５はクラスターMDIの出力を示しており、図６．２のクラスター化していない出力と比較できる。プレフィクス“C_”はクラスターを意味し、“C_５”はノイズ特徴量のクラスターである。特徴量クラスター“C_１”は２番目に重要度が低いが、その重要度は“C_５”の２倍以上である。これは、ノイズ特徴量と非ノイズ特徴量の間の重要度の差が小さかった図６．２の結果とは対照的である。このように、クラスターMDIは標準的なMDIよりもうまく機能しているよ

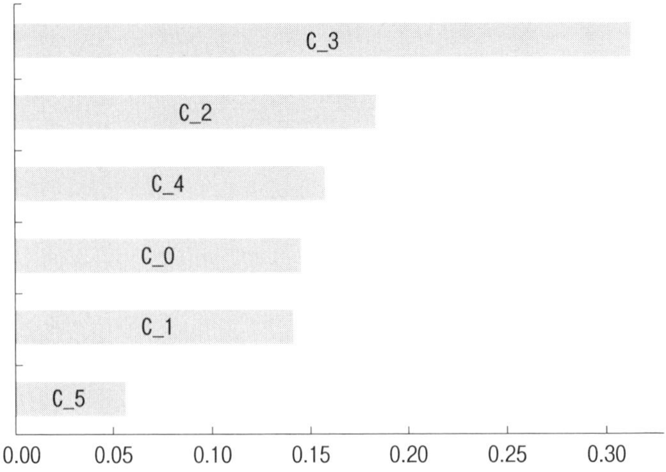

図6.5　クラスターMDI

うである。スニペット6.7にこれらの結果がどのように計算されたかを示す。

スニペット6.7　クラスターMDIの実行

```
clf=DecisionTreeClassifier(criterion=‘entropy’,max_features=1,
  class_weight=‘balanced’,min_weight_fraction_leaf=0)
clf=BaggingClassifier(base_estimator=clf,n_estimators=1000,
  max_features=1.,max_samples=1.,oob_score=False)
fit=clf.fit(X,y)
imp=featImpMDI_Clustered(fit,X.columns,clstrs)
```

最後に、クラスターMDA法をこのデータセットに適用する。図6.6はクラスターMDAの出力を示しており、図6.3のクラスター化していない出力と比較することができる。ここでも、“C_5”はノイズ特徴量のクラスターであり、他のすべてのクラスターは有効な特徴量と冗長な特徴量である。この分析では、2つの正しい結論が得られた。(1)“C_5”は重要性が実質的にゼロであり、無関係であるとして破棄されるべきである、(2)他のすべてのクラス

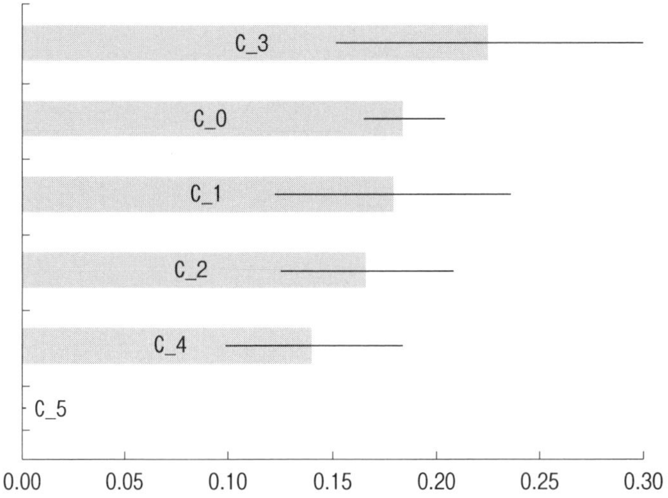

図6．6　クラスターMDA

ターは同程度の重要性をもっている。これは、平均値の標準偏差を考慮した後でも、いくつかの非ノイズ特徴がほかのものよりもはるかに重要であるようにみえた図6．3の結果とは対照的である。スニペット6．8は、これらの結果がどのように計算されたかを示している。

スニペット6．8　クラスターMDAの実行

```
clf=DecisionTreeClassifier(criterion='entropy',max_features=1,
  class_weight='balanced',min_weight_fraction_leaf=0)
clf=BaggingClassifier(base_estimator=clf,n_estimators=1000,
  max_features=1.,max_samples=1.,oob_score=False)
imp=featImpMDA_Clustered(clf,X,y,clstrs,10)
```

6.7　結　　論

研究者の多くは説明変数の有意性を評価するためにp値を使用する。しかし本章でみたように、p 値には4つの大きな欠陥がある。機械学習は、これらの欠点を克服した特徴量の重要性評価法を提供する。

MDI法やMDA法は、データの分布や構造に強い仮定を置くことなく、特徴量の重要性をロバストに評価する。p 値とは異なり、MDA法は交差検証された実験で特徴量の重要性を評価する。さらに、p 値とは異なり、クラスターMDIとクラスターMDAの推定値は代替効果を効果的におさえることができる。しかし、MDIとMDAの最大の利点は、古典的な有意性分析とは異なり、これらの機械学習手法が特定のモデル仕様に関係なく特徴量重要性を評価することにある。これによって、理論の開発に非常に有用な情報が得られる。ひとたびある現象に関与している変数が何かがわかれば、それらを結びつけるメカニズムやモデル仕様を見つけることに注意を集中することができる。

このことは、回帰分析のような古典的な統計的アプローチが、機械学習に比べて必ずしも透明性や洞察力が高いわけではないということを意味している。機械学習ツールはブラックボックスで、古典的なツールはホワイトボックスであるという認識は間違いである。機械学習の特徴量重要度分析の手法は、p 値と同様に有用なだけでなく、場合によってはより洞察力があり正確なものになることもある。

本章での最後のアドバイスは、何を説明したいのか、何を予測したいのかを注意深く考えることである。第5章ではさまざまなラベリング方法を検討した。同じ特徴量であっても、異なるタイプのラベルを説明したり予測したりする際には、重要度は異なる。可能な限り、本章で解説した特徴量重要度分析の手法をこれまでに解説したすべてのラベリング方法に適用して、どの特徴量とラベルの組合せが最も強い理論につながるかを調べることは理にかなっている。たとえば、次のトレンドの符号を予測するか、次の5％のリターンの符号を予測するかはどちらでもよいことが多いであろう。（特徴量の重要性分析が強い理論的接続の存在を示唆している限り）どちらの予測でも収益性の高い戦略を構築することができるからである。

6.8 練習問題

1　偽陽性率 $\alpha = \mathrm{P}[x > \tau | H_0]$ の医療検査を考えてみよう。ここでH_0は帰無仮説（患者が健康である）、xは観察された測定値、τは有意性の閾値である。ランダムな患者に検査を実行し、正の結果が得られた（帰無仮説は棄却された）。患者が本当にその症状になっている確率はいくらか？

a　$1 - \alpha = \mathrm{P}[x \leq \tau | H_0]$（検査の信頼度）か？

b　$1 - \beta = \mathrm{P}[x > \tau | H_1]$（検査の再現率）か?

c　それとも$\mathrm{P}[H_1 | x > \tau]$（検査の適合率）か？

d　上記のうち、p値は何を測るのか？

e　金融における似た状況は、ある変数がある現象に関与しているかどうかを検定するものである。p値は、観測された証拠があれば、その変数が関与している確率について何かを教えてくれるだろうか？

2　$\alpha = .01$、$\beta = 0$で、症状の確率が$\mathrm{P}[H_1] = .001$である医療検査を考えてみよう。この検査は完全再現性があり、非常に高い信頼性がある。陽性の患者が実際に病気である確率はいくらか？　$1 - \alpha$や$1 - \beta$よりもはるかに低いのはなぜだろう？　独立したテストで２回陽性となった患者が実は病気である確率はいくらか？

3　6.3.1項と6.3.2項の例を再実行して、今度は引数`sigmaStd = 0`を`getTestData`関数に渡そう。図6.2と図6.3はどうなるか？違いがあるとすれば、その原因は何だろうか？

4　6.3.2項のMDA分析を再実行して、今度は確率加重正解率（6.4節）をスコアリング関数として使用しよう。結果は大きく異なるだろうか？　より直観的で説明しやすいだろうか？　確率加重正解率を使用してMDA分析を行うほかの方法を思いつくだろうか?

5　6.6節の実験を再実行する。今度は特徴量をクラスタリングするために使用する距離測度をVariation of Information（第３章）として実行せよ。

第7章

ポートフォリオ構築

7.1 はじめに

アセットアロケーションには、不確実性のもとでの意思決定が必要となる。Markowitz（1952）は、近代金融史のなかで最も影響力のあるアイデアの1つ、すなわち、資産配分問題を凸最適化プログラムとして表現することを提案した。マーコウィッツのCritical Line Algorithm（CLA）は、ポートフォリオのリスクがリターンの標準偏差で測定される場合に、所与のリスクレベルを条件として、期待リターンを最大化するポートフォリオの「効率的フロンティア」を推定する。しかし実務上は、平均分散最適化解は集中度が高く、不安定な傾向がある（De Miguel et al. 2009）。

最適ポートフォリオの不安定性を軽減するための一般的なアプローチは3つある。1つ目は、平均または分散に関する追加情報を事前分布のかたちで導入することで、解を正則化しようと試みるものである（Black and Litterman 1992）。2つ目は、追加の制約条件を組み込むことで、解の実現可能領域を減らすことを提案するものである（Clarke et al. 2002）。3つ目は、共分散行列の逆行列の数値的安定性を改善することを提案するものである（Ledoit and Wolf 2004）。

第2章では、共分散行列に含まれるノイズによる不安定性への対処法を議論した。しかし、共分散行列に含まれるシグナルも不安定性の原因となることがわかったため、特殊な処理が必要となる。本章では、ある種のデータ構造（またはシグナルの種類）が平均分散最適化解を不安定にする理由と、この不安定性の原因に対処するために何ができるかを説明する。

7.2 ポートフォリオの凸最適化

リスクフリーレートに対する超過リターンが期待値ベクトルμと期待共分散行列VをもつN資産ポートフォリオを考えてみよう。マーコウィッツの洞察は、古典的なアセットアロケーション問題を次のような二次計画として定式化することであった。

$$\min_{\omega} \frac{1}{2}\omega' V \omega$$

$$\text{s.t.} : \omega' a = 1$$

ここで、a はポートフォリオの制約条件を示すベクトルである。この問題は、ラグランジュ形式で、

$$L[\omega, \lambda] = \frac{1}{2}\omega' V \omega - \lambda(\omega' a - 1)$$

と書け、その一階の条件は、

$$\frac{\partial L[\omega, \lambda]}{\partial \omega} = V\omega - \lambda a$$

$$\frac{\partial L[\omega, \lambda]}{\partial \lambda} = \omega' a - 1$$

である。

一階（必要）条件をゼロとすると、$V\omega - \lambda a = 0 \Rightarrow \omega = \lambda V^{-1} a$、また$\omega' a = a' \omega = 1 \Rightarrow \lambda a' V^{-1} a = 1 \Rightarrow \lambda = 1/(a' V^{-1} a)$ となり、以下のようになる。

$$\omega^* = \frac{V^{-1} a}{a' V^{-1} a}$$

二階（十分）条件は、この解が次式で示すラグランジアンの最小値であることを確認する。

$$\begin{vmatrix} \dfrac{\partial L^2[\omega, \lambda]}{\partial \omega^2} & \dfrac{\partial L^2[\omega, \lambda]}{\partial \omega \partial \lambda} \\ \dfrac{\partial L^2[\omega, \lambda]}{\partial \lambda \partial \omega} & \dfrac{\partial L^2[\omega, \lambda]}{\partial \lambda^2} \end{vmatrix} = \begin{vmatrix} V' & -a' \\ a & 0 \end{vmatrix} = a' a \geq 0$$

ここで、ベクトル a のいくつかの定式化に注目してみよう。

1　$a = 1_N$かつ$V = \sigma I_N$の場合。ここで$\sigma \in \mathbb{R}^+$、1_Nは全要素が1でサイズNのベクトル、I_NはサイズNの単位行列である。$\omega^* = 1_N \sigma^{-1} / (N \sigma^{-1}) = 1_N / N$であるので、解は等ウェイトポートフォリオ（“1/N”ポートフォリオまたは“ナイーブ”ポートフォリオとも呼ばれる）となる。

2　$a = 1_N$でVが等しくない要素をもつ対角行列（すべての$i \neq j$に対し$V_{i,j} = 0$）

である場合。$\omega^* = \frac{1}{\sum_{n=1}^{N}\frac{1}{Vn,n}}\left\{\frac{1}{Vn,n}\right\}_{n=1,\ldots,N}$であるため、解は逆分散ポートフォリオとなる。

3　$a=1_N$の場合、解は最小分散ポートフォリオである。

4　$a=\mu$の場合、解はポートフォリオのシャープレシオ$\omega'\mu/\sqrt{\omega' V\omega}$を最大化し、市場ポートフォリオは$V^{-1}\mu/(1'_N V^{-1}\mu)$となる（Grinold and Kahn 1999)。

7.3　条件数

共分散構造によっては、平均分散最適化解が不安定になることがある。その理由を理解するために、共分散行列の条件数という概念を導入する必要がある。2つの証券間の相関行列Cを考えてみよう。

$$C=\begin{bmatrix}1 & \rho \\ \rho & 1\end{bmatrix}$$

ここでρは、2証券のリターンの相関係数である。行列Cは、次の手順で$CW=W\Lambda$と対角化することができる。まず、固有方程式$|C-I\lambda|=0$を展開し、

$$\begin{vmatrix}1-\lambda & \rho \\ \rho & 1-\lambda\end{vmatrix}=0 \Rightarrow (1-\lambda)^2-\rho^2=0$$

を得る。この式の根は$\lambda=1\pm\rho$なので、Λの対角要素は、

$$\Lambda_{1,1}=1+\rho$$

$$\Lambda_{2,2}=1-\rho$$

となる。

第二に、各固有値に対応する固有ベクトルは、以下の連立方程式の解によって与えられる。

$$\begin{bmatrix}1-\Lambda_{1,1} & \rho \\ \rho & 1-\Lambda_{2,2}\end{bmatrix}\begin{bmatrix}W_{1,1} & W_{1,2} \\ W_{2,1} & W_{2,2}\end{bmatrix}=\begin{bmatrix}0 & 0 \\ 0 & 0\end{bmatrix}$$

Cが対角行列でない場合、$\rho\neq 0$であり、この場合、上記の連立方程式の解は、

$$\begin{bmatrix} W_{1,1} & W_{1,2} \\ W_{2,1} & W_{2,2} \end{bmatrix} = \begin{bmatrix} \frac{1}{\sqrt{2}} & \frac{1}{\sqrt{2}} \\ \frac{1}{\sqrt{2}} & -\frac{1}{\sqrt{2}} \end{bmatrix}$$

となる。これは次のように簡単に確認できる。

$$W\Lambda W' = \begin{bmatrix} \frac{1}{\sqrt{2}} & \frac{1}{\sqrt{2}} \\ \frac{1}{\sqrt{2}} & -\frac{1}{\sqrt{2}} \end{bmatrix} \begin{bmatrix} 1+\rho & 0 \\ 0 & 1-\rho \end{bmatrix} \begin{bmatrix} \frac{1}{\sqrt{2}} & \frac{1}{\sqrt{2}} \\ \frac{1}{\sqrt{2}} & -\frac{1}{\sqrt{2}} \end{bmatrix}' = \begin{bmatrix} 1 & \rho \\ \rho & 1 \end{bmatrix} = C$$

Cのトレースは$tr(C)=\Lambda_{1,1}+\Lambda_{2,2}=2$なので、$\rho$は一方の固有値が他方の固有値を犠牲にしてどれだけ大きくなるかを設定する。Cの行列式は$|C|=\Lambda_{1,1}\Lambda_{2,2}=(1+\rho)(1-\rho)=1-\rho^2$で与えられる。行列式は$\Lambda_{1,1}=\Lambda_{2,2}=1$で最大値をとり、これは無相関つまり$\rho=0$の場合に相当する。行列式は$\Lambda_{1,1}=0$または$\Lambda_{2,2}=0$で最小値をとり、これは完全相関に相当し、$|\rho|=1$となる。$C$の逆行列は、

$$C^{-1} = W\Lambda^{-1}W' = \frac{1}{|C|}\begin{bmatrix} 1 & -\rho \\ -\rho & 1 \end{bmatrix}$$

で表される。

上式は、ρがゼロから外れるほど、一方の固有値が他方の固有値に比べて大きくなり、$|C|$がゼロに近づき、C^{-1}の値が爆発的に大きくなることを意味している。

より一般的には、共分散構造がもたらす不安定性は、2つの極端な固有値の間の大きさで測ることができる。したがって、共分散行列や相関行列（または正規、したがって対角化可能な行列）の条件数は、その最大固有値と最小固有値（絶対値で）の比の絶対値として定義される。上記の例では、

$$\lim_{\rho\to 1^-} \frac{\Lambda_{1,1}}{\Lambda_{2,2}} = +\infty$$

$$\lim_{\rho\to -1^+} \frac{\Lambda_{2,2}}{\Lambda_{1,1}} = +\infty$$

となる。

7.4 マーコウィッツの呪い

相関行列Cは共分散行列Vを標準化したものにすぎないため、C^{-1}で得られた結論は、ω^*を計算するために使用されるV^{-1}にも適用される。ポートフォリオ内の証券が高相関（$-1<\rho\ll 0$または$0\ll\rho<1$）の場合、Cは高い条件数をもち、V^{-1}の値は爆発的に増加する。これはポートフォリオ最適化において問題となる。なぜならω^*はV^{-1}に依存しているため、$\rho\approx 0$でない限り、凸最適化プログラムの解が不安定になると予想されるからである。言い換えれば、マーコウィッツ解が数値的に安定であることが保証されるのは$\rho\approx 0$の場合だけであり、これはまさにわれわれがマーコウィッツ解を必要としない場合なのである！　マーコウィッツ解が必要なのは$\rho\neq 0$のケースに対処するためであったが、マーコウィッツ解が必要になればなるほど、ω^*の推定が数値的に不安定になるのである。これがマーコウィッツの呪いである。

López de Prado（2016）は、階層的リスクパリティ（hierarchical risk parity、HRP）と呼ばれる機械学習ベースの資産配分手法を導入した。HRPは、アウトオブサンプルのモンテカルロ実験において、マーコウィッツ解とナイーブ配分を上回る性能を示した。HRPの目的は最適な配分を提供することではなく、機械学習アプローチの可能性を示すことにあった。実際、HRPは構造上インサンプルでは最適でないにもかかわらず、アウトオブサンプルではマーコウィッツ解をアウトパフォームする。次節では、なぜ標準的な平均分散最適化が比較的簡単に負けるのかをさらに分析する。

7.5 共分散不安定性の原因としてのシグナル

第2章で、ノイズによる共分散不安定性はN/T比によって決まると述べた。なぜなら、Marcenko-Pastur分布の下限λ_-はN/Tが大きくなるにつれて小さくなり[22]、上限λ_+はN/Tが大きくなるにつれて大きくなるからであ

22　第2章を振り返ると、変数Nは共分散行列の列の数、変数Tは共分散行列を計算するために使用される独立観測値の数である。

る。本節では、共分散不安定性のもう１つの要因、つまりデータ（シグナル）の構造について議論する。2×2行列の例でみたように、ρは、N/Tに関係なく独立して、行列の条件数を決定する。シグナルに起因する不安定性は構造的なものであり、より多くの観測値をサンプリングすることによって減少させることはできない。

シグナルがどのようにして平均分散最適化を不安定にするかについて、直観的に説明してみよう。相関行列が単位行列の場合、固有値関数は水平線となり、条件数は１となる。この理想的なケース以外では、条件数は不規則な相関構造の影響を受ける。金融においてよくあるケースでは、証券のサブセットが投資ユニバースの残りの部分に比べサブセット内でより大きな相関を示す場合、そのサブセットは相関行列のなかでクラスターを形成する。クラスターは、階層的な関係性の結果として自然に出現する。K個の証券がクラスターを形成している場合、ある共通の固有ベクトルへのエクスポージャーが大きく、その固有値がより多くの分散を説明していることを意味する。しかし、相関行列のトレースはちょうどNなので、ある固有値はそのクラスター内の他の$K-1$個の固有値を犠牲にしてしか増加できず、その結果条件数は１よりも大きくなる。結果として、クラスター内の相関が大きいほど条件数は高くなる。この不安定性の原因は、$N/T\rightarrow 1$とは別個で無関係である。

これを数値例で説明しよう。スニペット７．１は、ブロック数、ブロックサイズ、ブロック内相関係数を指定してブロック対角相関行列を生成する。図７．１は、ブロック内相関係数が0.5、ブロック外相関係数が０で、２つのブロックで構成されたサイズ4×4のブロック対角行列をプロットしたものである。このようなブロック構造のため、条件数は１ではなく３となる。条件数は、(1)１つのブロックを大きくするか、(2)ブロック内相関係数を大きくすると大きくなる。理由は、どちらの場合も、ある固有ベクトルが他の固有ベクトルよりも分散をより説明するからである。たとえば、１つのブロックのサイズを３にしてもう１つのブロックのサイズを１にすると、条件数は４になる。また、ブロック内相関係数を0.75にすると、条件数は７となる。ブロック内相関係数が0.5で２つの等しいサイズのブロックをもつサイズ500×

500のブロック対角相関行列での場合、条件数は251となるが、これは固有ベクトルが500個あっても分散の大部分がそのうち2つだけで説明されるからである。

スニペット7.1　ブロック対角相関行列の生成

```
import matplotlib.pyplot as mpl,seaborn as sns
import numpy as np
#------------------------------------------------------------
corr0=formBlockMatrix(2,2,.5)
eVal,eVec=np.linalg.eigh(corr0)
print max(eVal)/min(eVal)
sns.heatmap(corr0,cmap=‘viridis’)
```

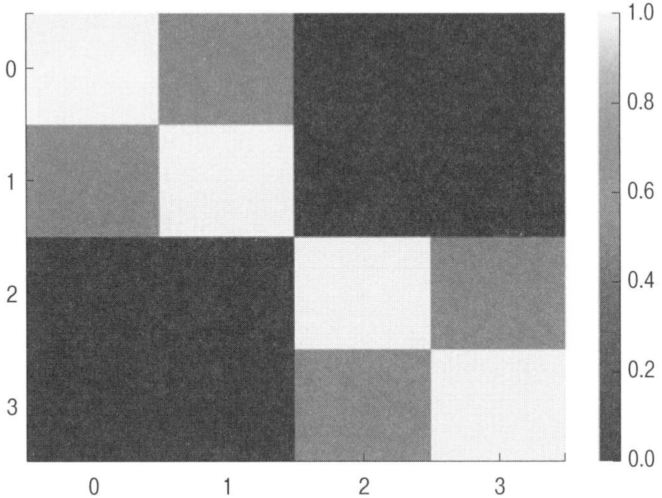

図7.1　ブロック対角相関行列のヒートマップ

スニペット7.2は、2つのブロックのうちの1つだけでブロック内相関を下げても条件数は減らないことを示している。その理由は、極端な固有値は支配的なブロックによって引き起こされるからである。つまり、高い条件数が1つのクラスターだけに起因していたとしても、それは相関行列全体に影響を与える。この観察は重要な意味をもつ。マーコウィッツ解の不安定性は、相関行列のなかのいくつかの支配的なクラスターに起因するのである。支配的なクラスターを個別に最適化することによって、この不安定性を抑制することができ、不安定性がポートフォリオ全体に広がるのを防ぐことができる。

スニペット7.2　ブロック対角相関行列の支配的なブロック

```
corr0=block_diag(formBlockMatrix(1,2,.5))
corr1=formBlockMatrix(1,2,.0)
corr0=block_diag(corr0,corr1)
eVal,eVec=np.linalg.eigh(corr0)
print max(eVal)/min(eVal)
```

7.6　NCOアルゴリズム

本章の残りの部分では、マーコウィッツの呪いの原因に対処する新しい機械学習ベースの手法、ネストされたクラスター最適化（nested clustered optimization、NCO）を紹介する。NCOは、“ラッパー”と呼ばれるアルゴリズムであり、効率的フロンティアのどのメンバーが計算され、どのような制約条件が課されるかに関係なく適用できる。NCOは、既存の平均分散アロケーションにおけるマーコウィッツの呪いに対処するための戦略を提供する。

7.6.1　相関クラスタリング

NCOアルゴリズムの最初のステップは、相関行列をクラスタリングすることである。この操作は、最適なクラスター数を見つけることを含む。1つの可能性としてONCアルゴリズム（第4章）を適用できるが、NCOはクラスター数を決定するためにどのアルゴリズムを使用するかには依存しない。T/Nが比較的低い大きな行列の場合、クラスタリングの前に第2章で説明した方法で相関行列をノイズ除去することが推奨される。スニペット7.3はこの手順を実装している。第2章で導入したdeNoiseCov関数を用いてノイズ除去された共分散行列cov1を計算する。引数qは、観測値行列の行の数と列の数の比を表すことを思い出そう。bWidth=0の場合、共分散行列はノイズ除去されない。次に、得られた共分散行列をcov2corr関数を用いて標準化して相関行列にする。そして、第4章で紹介したclusterKMeansBase関数を用いて、きれいになった相関行列をクラスタリングする。引数maxNumClustersには相関行列の列数の半分を設定している。これは、単一要素のクラスターは行列の条件数を増加させないので、最小サイズが2のクラスターだけを考慮すればよいからである。クラスター数が少ないと予想される場合は、計算を高速化するために、より低いmaxNumClustersを使用してもよい。

スニペット7.3　相関クラスタリングのステップ

```
import pandas as pd
cols=cov0.columns
cov1=deNoiseCov(cov0,q,bWidth=.01) # 共分散行列のノイズ除去
cov1=pd.DataFrame(cov1,index=cols,columns=cols)
corr1=cov2corr(cov1)
corr1,clstrs,silh=clusterKMeansBase(corr1,
  maxNumClusters=corr0.shape[0]/2,n_init=10)
```

よくある質問は、corr1をクラスタリングするか、corr1.abs()をクラスタリングするかというものである。すべての相関が非負の場合、corr1とcorr1.abs()のどちらのクラスタリングでも同じ結果が得られる。いくつかの相関が負の場合、答えはより複雑で、観測された入力の数値特性に依存

する。両方を試してみて、モンテカルロ実験でどのクラスタリングが特定のcorr1に対してよりよい働きをするかを確認することをお勧めする[23]。

7.6.2 クラスター内ウェイト

NCOアルゴリズムの第2段階では、ノイズ除去された共分散行列cov1を使用して、クラスター内の最適配分を計算する。スニペット7.4はこの手順を実装している。簡単にするために、minVarPort関数で実装した最小分散アロケーションをデフォルトにしている。しかし、別のアロケーション方法を使用することも可能である。推定されたクラスター内ウェイトを使用して、クラスター間の相関を表現する縮小共分散行列cov2を導出することができる。

スニペット7.4　クラスター内最適配分

```
wIntra=pd.DataFrame(0,index=cov1.index,columns=clstrs.keys())
for i in clstrs:
  wIntra.loc[clstrs[i],i]=minVarPort(cov1.loc[clstrs[i],
    clstrs[i]]).flatten()
cov2=wIntra.T.dot(np.dot(cov1,wIntra)) # 共分散行列の縮小
```

7.6.3 クラスター間ウェイト

NCOアルゴリズムの第3段階では、縮小共分散行列cov2を用いて、クラスター間の最適配分を計算する。構造上、この共分散行列は対角行列に近く、最適化問題は理想的なマーコウィッツの場合に近くなる。言い換えれば、クラスタリングとクラスター内最適化のステップにより、「マーコウィッ

23　経験則としては、corr1.abs()の利用は、いくつかの相関関係が負の場合のロングショート・ポートフォリオ最適化問題においてより効果的な傾向がある。直観的には、負のウェイトをもつことは、相関の符号を反転させることと同等であり、かなりの不安定性を引き起こす可能性がある。負の相関をもつ変数はウェイトを通して相互作用するので、それらの変数を一緒にクラスター化することは各クラスター内での不安定性の原因を抑えることになり、理にかなっている。

ツの呪いがかかった」問題（$|\rho|\gg 0$）を、扱いやすい問題（$\rho\approx 0$）に変換することができたのである。

スニペット7.5でこの手順を実装している。ここではクラスター内最適配分ステップで使用したのと同じアロケーション方法を適用している（つまりスニペット7.4の場合はminVarPort関数）。各証券の最終的なウェイトは、クラスター内ウェイトにクラスター間ウェイトを乗算した結果であるwAll0データフレームに格納される。

スニペット7.5　クラスター間最適配分

```
wInter=pd.Series(minVarPort(cov2).flatten(),index=cov2.index)
wAll0=wIntra.mul(wInter,axis=1).sum(axis=1).sort_index()
```

7.7　実験結果

本節では、NCOアルゴリズムを数値実験に適用し、マーコウィッツ法と性能を比較する。第2章と同様に、効率的フロンティア上の2つの特徴的なポートフォリオ、最小分散ポートフォリオと最大シャープレシオポートフォリオについて議論する。なぜなら、制約のない効率的フロンティア上の任意のポートフォリオは、2つの凸組合せとして導出されるからである（「分離定理（separation theorem）」として知られている）。

スニペット7.6は、本章で紹介したNCOアルゴリズムを実装している。関数optPort_ncoは、引数muがNoneの場合は最小分散ポートフォリオを返し、引数muがNoneでない場合は最大シャープレシオポートフォリオを返す。

スニペット7.6　NCOアルゴリズムの実装

```
def optPort_nco(cov,mu=None,maxNumClusters=None):
  cov=pd.DataFrame(cov)
  if mu is not None:mu=pd.Series(mu[:,0])
  corr1=cov2corr(cov)
```

```
corr1,clstrs,_=clusterKMeansBase(corr1,maxNumClusters,
  n_init=10)
wIntra=pd.DataFrame(0,index=cov.index,columns=clstrs.keys())
for i in clstrs:
  cov_=cov.loc[clstrs[i],clstrs[i]].values
  if mu is None:mu_=None
  else:mu_=mu.loc[clstrs[i]].values.reshape(-1,1)
  wIntra.loc[clstrs[i],i]=optPort(cov_,mu_).flatten()
cov_=wIntra.T.dot(np.dot(cov,wIntra)) # 共分散行列の縮小
mu_=(None if mu is None else wIntra.T.dot(mu))
wInter=pd.Series(optPort(cov_,mu_).flatten(),index=cov_.
index)
nco=wIntra.mul(wInter,axis=1).sum(axis=1).values.
reshape(-1,1)
return nco
```

7.7.1　最小分散ポートフォリオ

スニペット7.7は、クラスター内相関が0.5のブロック10個からなる50銘柄の証券ポートフォリオを模式化した、ランダムな平均値ベクトルと共分散行列を生成する。このベクトルと行列が、観測値を生成する“真の”プロセスを表現する[24]。異なるパラメータの実行間で結果を再現・比較するために、乱数のシードを固定している。関数formTrueMatrixは第2章で定義したものである。

24　実用では、$\{\mu,V\}$は観測データから推定されるため、シミュレーションする必要はない。観測された$\{\mu,V\}$のペアでこの実験を繰り返し、モンテカルロ法によって異なる最適化手法の推定誤差を評価し、どの手法が特定のインプットに対して最もロバストな推定値を得ることができるかを調べることができる。

スニペット7.7　データ生成プロセス

```
nBlocks,bSize,bCorr=10,5,.5
np.random.seed(0)
mu0,cov0=formTrueMatrix(nBlocks,bSize,bCorr)
```

スニペット7.8は、関数simCovMu（第2章で定義）を利用して、真のプロセスから生成された1,000個のオブザベーションから、経験的平均値ベクトルと経験的共分散行列をシミュレートしている。shrink=True の場合、経験的共分散行列はLedoit-Wolf シュリンケージされる。この経験的共分散行列を用いて、関数 optPort（第2章で定義）によってマーコウィッツ法で最小分散ポートフォリオを計算し、関数 optPort_nco によってNCOアルゴリズムで最小分散ポートフォリオを計算する。この手順を1,000個の異なるランダム経験的共分散行列に対して繰り返す。minVarPortf=Trueなので、ランダムな平均値ベクトルは無視されることに注意しよう。

スニペット7.8　平均ベクトルと共分散行列の導出

```
nObs,nSims,shrink,minVarPortf=1000,1000,False,True
np.random.seed(0)
for i in range(nSims):
  mu1,cov1=simCovMu(mu0,cov0,nObs,shrink=shrink)
  if minVarPortf:mu1=None
  w1.loc[i]=optPort(cov1,mu1).flatten()
  w1_d.loc[i]=optPort_nco(cov1,mu1,
    int(cov1.shape[0]/2)).flatten()
```

スニペット7.9では、まず真の共分散行列から真の最小分散ポートフォリオを計算する。このアロケーションをベンチマークとして、マーコウィッツとNCOのポートフォリオウェイトの二乗平均平方根誤差（RMSE）を計算する。スニペット7.9をシュリンケージの有無それぞれに実行することで、図７．２に示す４つの組合せを得る。

NCOのRMSEは マーコウィッツ解の 52.98％となり、すなわちNCOによって最小分散ポートフォリオのRMSEを47.02％削減できた。Ledoit-Wolfシュリンケージにより結果は悪化し、RMSEは 11.81％増加する。シュリンケージとNCOを組み合わせると、RMSEは15.30％減少するが、これはシュリンケージ単独よりはよいもののNCO単独よりは劣る。

このことは、わずか50銘柄の小さなポートフォリオであっても、NCOはマーコウィッツ解よりもRMSEを大幅に低下させる一方、シュリンケージは付加価値をもたらさないことを意味している。大規模なポートフォリオではNCOの優位性が拡大することは容易に検証できる（章末の練習問題とする）。

スニペット７．９　アロケーションエラーの評価

```
w0=optPort(cov0,None if minVarPortf else mu0)
w0=np.repeat(w0.T,w1.shape[0],axis=0) # true allocation
rmsd=np.mean((w1-w0).values.flatten()**2)**.5 # RMSE
rmsd_d=np.mean((w1_d-w0).values.flatten()**2)**.5 # RMSE
```

	マーコウィッツ	NCO
シュリンケージなし	7.95E－03	4.21E－03
シュリンケージあり	8.89E－03	6.74E－03

図７．２　最小分散ポートフォリオのRMSE

７．７．２　最大シャープレシオポートフォリオ

minVarPortf=False としてスニペット７．８と７．９を再実行して、最大シャープレシオポートフォリオのRMSEを導出することができる。図７．３にこの実験の結果を示す。

NCOのRMSEはマーコウィッツ解の45.17％となり、すなわちNCOによって最大シャープレシオポートフォリオのRMSEを54.83％削減できた。シュリンケージとNCOの組合せでは、最大シャープレシオポートフォリオの

	マーコウィッツ	NCO
シュリンケージなし	7.02E－02	3.17E－02
シュリンケージあり	6.54E－02	5.72E－02

図7.3　最大シャープレシオポートフォリオのRMSE

RMSEが18.52％減少するが、これはシュリンケージ単独よりはよいもののNCO単独よりは劣る。ここでも、NCOはマーコウィッツ解よりも大幅に低いRMSEを実現し、シュリンケージは付加価値をもたらさない。

7.8 結　論

マーコウィッツのポートフォリオ最適化のフレームワークは数学的には正しいが、実際の応用には数値的な問題がある。具体的には、金融共分散行列は、ノイズおよびシグナルに起因して高い条件数を示す。これらの共分散行列の逆行列は、推定誤差を拡大し、不安定な解をもたらす。観測値行列の数行を変更するだけで、まったく異なるアロケーションが生成されることがある。アロケーション推定器が不偏であっても、これらの解の不安定性による分散は、投資戦略の収益性の大部分を消し去ってしまうほど大きな取引コストを必然的にもたらす。

本章では、マーコウィッツ解の不安定性問題の原因を相関行列の固有値関数の形状にさかのぼって検討した。マーコウィッツのフレームワークでは、水平な固有値関数が理想的である。証券のクラスターが投資ユニバースの残りの部分よりも、それ自身の間で大きな相関を示す金融分野においては、固有値関数は水平ではなく、これが高い条件数の原因となっている。このような共分散不安定性の原因は、ノイズではなくシグナルにある。

本章ではこの不安定性の原因に対処するために、最適化問題を、クラスターごとに１つの最適化を計算する問題と、全クラスター間で１つの最終的な最適化を計算する問題に分割するNCOアルゴリズムを導入した。各証券は１つのクラスターのみに属し、最終的なウェイトはクラスター内ウェイトとクラスター間ウェイトの積として得られる。実験結果は、このデュアル・クラスタリング・アプローチがマーコウィッツ解の推定誤差を大幅に削減できることを示している。NCOアルゴリズムは柔軟性があり、ブラック・リッターマン、シュリンケージ、Reverse Optimization、制約付最適化アプローチなど、他のフレームワークと組み合わせて利用することができる。NCOは、一般的な最適化問題を部分的な問題に分割する戦略と考えることができ、読者の好みの手法で解くことができる。

他の多くの機械学習アルゴリズムと同様に、NCOは柔軟でモジュール化されている。たとえば、相関行列がクラスター内にサブクラスターをもつ強い階層構造を示す場合、行列のツリーのような構造を模倣して、各クラスターとサブクラスター内でNCOアルゴリズムを適用することができる。目標は、ツリーの各レベルで数値的な不安定性を封じ込めることであり、サブクラスター内の不安定性が親クラスターや相関行列の残りの部分に及ばないようにすることである。

本章で説明したモンテカルロ法を用いて、ある入力変数に対してさまざまな最適化手法を用いて生成されたアロケーション誤差を計算することができる。こうして、どの手法が特定のケースに対して最もロバストであるかを正確に判断することができる。このように、ある特定のアプローチに常に依存するのではなく、状況に合った最適化手法を機動的に適用することが可能となる。

7.9 練習問題

1 スニペット7.3にデトーニング処理を追加して、7.7節の実験を繰り返そう。NCOのパフォーマンスに改善がみられるだろうか? その理由は?

2 第2章の関数getRndCovを使用してクラスター構造をもたない共分散行列を生成し、7.7節の実験を繰り返そう。異なる結論に達するだろうか? その理由は?

3 minVarPort関数をBailey and López de Prado (2013) のCLAクラ

スに置き換えて、7.7節の実験を繰り返そう。

4　サイズ10とサイズ100の共分散行列について、7.7節の実験を繰り返そう。行列のサイズによって、NCOの結果はマーコウィッツの結果と比べてどう変化するか？

5　`clusterKMeansBase`アルゴリズムの引数`maxNumClusters`を2のような非常に小さな値に意図的に設定し、7.7節の実験を繰り返そう。NCOの結果はどのくらい悪化するだろうか？　クラスターが10個でなく2個だけでも、NCOがマーコウィッツ解よりも有意に優れた性能を発揮するのはなぜだろうか？

第 8 章

テストデータのオーバーフィッティング

8.1　はじめに

本書ではモンテカルロ実験によって機械学習ソリューションの性質を調べてきた。数学におけるモンテカルロシミュレーションは、物理科学における制御された実験に近い役割を果たす。モンテカルロシミュレーションによって、制御された条件のもとでさまざまな推定量やプロセスの数学的性質に関する結論を得ることができる。実験の条件を制御する能力をもつことは、因果関係の推論を行うために不可欠である。

バックテストとは、ある投資戦略が過去にどのようなパフォーマンスだったかのヒストリカルシミュレーションである。バックテストは制御された実験ではない。独立したバックテストを実行するために、環境変数を変更して新しいヒストリカル時系列データを導出することはできないからである。よって、バックテストは正確な因果関係のメカニズムを導き出して投資戦略を改善する助けにはならない。

投資戦略の制御された実験が一般的に不可能であることは、技術的に不便なだけではない。投資戦略の開発においてわれわれがもっているのは、いくつかの（比較的短く、系列相関があり、多重共線性があり、おそらく非定常な）ヒストリカル時系列データだけである。研究者は、複数のヒストリカルシミュレーションを行い最高のパフォーマンスを発揮する戦略を選択することにより、簡単にバックテストをオーバーフィットさせることができる（Bailey et al. 2014）。オーバーフィットしたバックテストを１回の試行の結果として発表すると、シミュレーションされたパフォーマンスはインフレしたものになる。このような統計的なインフレーションは、多重テスト下での選択バイアス（selection bias under multiple testing、SBuMT）と呼ばれている。SBuMTは誤った発見、つまりバックテストでは再現可能だが、実装すると失敗する投資戦略をもたらす。

さらに資産運用会社の多くでは、２つのレベルのSBuMTが複合的に発生し、状況を悪化させている。⑴各リサーチャーが何百万回ものシミュレーションを実行し、最適な（オーバーフィットした）結果を上司に提示する。⑵会社はリサーチャーから提出された（すでにオーバーフィットしている）

バックテストのなかから、さらにいくつかのバックテストを選択する。これを、リサーチャーレベルで発生するバックテスト・オーバーフィッティングと区別して、バックテスト・ハイパーフィッティングと呼んでもいいだろう。

SBuMTの結果生じた偽の発見を否定するために必要な将来の（アウトオブサンプルの）情報を収集するのには何十年もかかるかもしれない。本章では、SBuMTが発見に与える影響をどのように推定できるかを研究する。

8.2　適合率（precision）と再現率（recall）

s 個の投資戦略を考えよう。これらの戦略のなかには、期待リターンが正でない、つまり偽の発見もある。これらの戦略を真の戦略（s_T）と偽の戦略（s_F）に分解する（$s=s_T+s_F$）。θ を真の戦略と偽の戦略のオッズ比 $\theta=s_T/s_F$ とする。金融経済学のようにS/N比が低い分野では、偽の戦略が多く、θ は低いと予想される。真の投資戦略の数は、

$$s_T = s\frac{s_T}{s_T+s_F} = s\frac{\frac{s_T}{s_F}}{\frac{s_T+s_F}{s_F}} = s\frac{\theta}{1+\theta}$$

で表される。

同様に、偽の投資戦略の数は、

$$s_F = s - s_T = s\left(1-\frac{\theta}{1+\theta}\right) = s\frac{1}{1+\theta}$$

となる。

偽陽性率 α（タイプⅠエラー）を所与とすると、偽陽性の数 $FP=\alpha s_F$ と真陰性の数 $TN=(1-\alpha)s_F$ が得られる。この α に対応する偽陰性率（タイプⅡエラー）を β とすると、偽陰性の数 $FN=\beta s_T$ と真陽性の数 $TP=(1-\beta)s_T$ が得られる。したがってテストの適合率（precision）と再現率（recall）は、

$$\text{precision} = \frac{TP}{TP + FP} = \frac{(1-\beta)s_T}{(1-\beta)s_T + \alpha s_F}$$

$$= \frac{(1-\beta)s\frac{\theta}{1+\theta}}{(1-\beta)s\frac{\theta}{1+\theta} + \alpha s\frac{1}{1+\theta}} = \frac{(1-\beta)\theta}{(1-\beta)\theta + \alpha}$$

$$\text{recall} = \frac{TP}{TP + FN} = \frac{(1-\beta)s_T}{(1-\beta)s_T + \beta s_T} = 1 - \beta$$

となる。

ある投資戦略についてバックテストを実行する前に、リサーチャーはその戦略が実際に存在するであろうという証拠を集めるべきである。その理由は、検定の適合率がオッズ比θの関数だからである。オッズ比が低ければ、たとえ高い確信度（低いp値）で陽性を得られたとしても、適合率は低くなる[25]。特に（$1-\beta$）$\theta < \alpha$であれば、戦略は偽である可能性が高い。

たとえば、バックテストされた戦略が利益を生む確率が0.01、つまり100個の戦略のうち1個が真であり、したがってθ＝1/99であるとする。標準的な閾値α＝0.05とβ＝0.2では、リサーチャーは1,000回の試行で約58の陽性を得ると予想され、そのうち約8が真陽性、約50が偽陽性である。このような状況下では、p値が0.05であっても、偽発見率は86.09％（約50/58）になる。この理由だけで、計量経済学における発見のほとんどは偽である可能性が高いといえるだろう。

8.3　多重テスト下での適合率と再現率

1回の試行でのタイプⅠエラーの確率はαである。偽陽性確率αのテストの2回目を繰り返すとする。各試行で、タイプⅠエラーを起こさない確率は（$1-\alpha$）である。2つの試験が独立している場合、1回目と2回目の試行でタイプⅠエラーを起こさない確率は（$1-\alpha$）^{2}となる。少なくとも1つのタイプⅠエラーを起こす確率は、$1-(1-\alpha)^2$である。K個の独立した

25　この議論は、第6章の議論と同じ結論につながる。p値は、かなり情報に乏しい確率である。統計的検定が高い確信度（低いp値）かつ低い適合率をもつことは十分ありうる。

試験を行うと、タイプⅠエラーを1つも起こさない同時確率は $(1-\alpha)^K$ である。したがって、少なくとも1つのタイプⅠエラーがある確率は $\alpha_K=1-(1-\alpha)^K$ となる。これはファミリーワイズエラー率（FWER）としても知られている。

1回の試行でのタイプⅡエラーの確率は β であり、K 回の独立試行の後、すべての試行でタイプⅡエラーを起こす確率は $\beta_K=\beta^K$ である。FWERとの違いに注意しよう。偽陽性の場合、少なくとも1つのエラーが発生する確率に注目している。これは1回の誤報であっても失敗であるからである。しかし偽陰性の場合は、すべての陽性が見逃される確率に注目する。K が増加すると、α_K は増加し、β_K は減少する。

多重テストを考慮して調整した適合率と再現率は、

$$\text{precision}=\frac{(1-\beta_K)\theta}{(1-\beta_K)\theta+\alpha_K}=\frac{(1-\beta^K)\theta}{(1-\beta^K)\theta+1-(1-\alpha)^K}$$

$$\text{recall}=1-\beta_K=1-\beta^K$$

となる。

8.4 シャープレシオ

通常、金融においては、投資戦略のパフォーマンスを適合率と再現率で評価することはない。パフォーマンスを評価する最も一般的な尺度はシャープレシオである。以下では、戦略が偽である確率を評価するためのフレームワークを開発する。入力は、シャープレシオの推定値と、発見プロセス中に得られたメタデータである[26]。

超過リターン（またはリスクプレミアム）$\{r_t\}\ t=1,\ldots,T$ をもつ投資戦略を考えてみよう。リターンは独立同分布で正規分布に従う、つまり、

26　金融においてもシャープレシオのかわりに適合率と再現率を使うべきなのかもしれないが、それは本書の論点を超えている。金融数学者は、位相幾何学者、集合論者、代数幾何学者などと違って、自分たちが取り組んでいる問題をフレーミングすることはほとんどできない。

$$r_t \sim \mathcal{N}[\mu, \sigma^2]$$

とする。ここで$\mathcal{N}[\mu, \sigma^2]$は、平均$\mu$と分散$\sigma^2$の正規分布を表す。Sharpe（1966, 1975, 1994）に従って、この投資戦略の（非年率換算）シャープレシオは次のように定義される。

$$\mathrm{SR} = \frac{\mu}{\sigma}$$

パラメータμとσは未知なので、SRは次のように推定される。

$$\widehat{\mathrm{SR}} = \frac{\mathrm{E}[\{r_t\}]}{\sqrt{\mathrm{V}[\{r_t\}]}}$$

リターンが独立同分布の正規分布に従うと仮定して、Lo（2002）は$\widehat{\mathrm{SR}}$の漸近分布を次式のように導出した。

$$\left(\widehat{\mathrm{SR}} - \mathrm{SR}\right) \xrightarrow{a} \mathcal{N}\left[0, \frac{1 + \frac{1}{2}\mathrm{SR}^2}{T}\right]$$

しかし実証的には、ヘッジファンドのリターンは有意な負の歪度と正の尖度を示す（Brooks and Kat 2002；Ingersoll et al. 2007を参照）。リターンが独立同分布で正規分布するとの誤った仮定は、偽陽性確率を大幅に過小評価することになる。

リターンが独立同分布であるが非正規分布に従うという仮定のもとで、Mertens（2002）は$\widehat{\mathrm{SR}}$の漸近分布を次式のように導出した。

$$\left(\widehat{\mathrm{SR}} - \mathrm{SR}\right) \xrightarrow{a} \mathcal{N}\left[0, \frac{1 + \frac{1}{2}\mathrm{SR}^2 - \gamma_3 \mathrm{SR} + \frac{\gamma_4 - 3}{4}\mathrm{SR}^2}{T}\right]$$

ここで、γ_3は$\{r_t\}$の歪度、γ_4は尖度である（リターンが正規分布に従う場合は$\gamma_3 = 0$、$\gamma_4 = 3$）。その後、Christie（2005）とOpdyke（2007）は、リターンが定常的でエルゴード的であるという、より一般的な仮定のもとでも、Mertensの式が有効であることを発見した（IIDである必要はない）。重要なのは、リターンが非正規分布であっても$\widehat{\mathrm{SR}}$は正規分布に従うが、$\widehat{\mathrm{SR}}$の分散はリターンの歪度と尖度に部分的に依存するということである。

8.5 「偽戦略」定理（False Strategy Theorem）

リサーチャーは多数のヒストリカルシミュレーション（試行）を行い、最良の結果（最大シャープレシオ）のみを報告することができる。最大シャープレシオの分布は、試行のなかからランダムに選ばれたシャープレシオの分布とは異なるため、SBuMTが発生する。複数の試行が行われた場合、最大シャープレシオの期待値は、ランダムな試行からのシャープレシオの期待値よりも大きくなる。特に、シャープレシオの期待値がゼロで分散が非ゼロの投資戦略の場合、最大シャープレシオの期待値は厳密に正となり、試行回数の関数となる。

上記を考えると、SBuMTの大きさは、最大シャープレシオの期待値とランダム試行のシャープレシオの期待値（偽戦略の場合はゼロ）の差で表すことができる。実は、SBuMTは「試行回数」と「試行間のシャープレシオの分散」の２つの変数に依存する。次の定理はこの関係を記述している。証明は付録Bを参照のこと。

定理：独立同分布の正規分布から抽出されたパフォーマンス統計量の推定値 $\{\widehat{\mathrm{SR}}_k\}$ 、$k=1,\ldots,K$ の標本がある、つまり $\widehat{\mathrm{SR}}_k \sim \mathcal{N}[0,\mathrm{V}[\widehat{\mathrm{SR}}_\mathrm{k}]]$ の場合、次式が成立する。

$$\mathrm{E}\left[\max_k\{\widehat{\mathrm{SR}}_k\}\right]\left(\mathrm{V}\left[\{\widehat{\mathrm{SR}}_k\}\right]\right)^{-\frac{1}{2}} \approx (1-\gamma)Z^{-1}\left[1-\frac{1}{K}\right]+\gamma Z^{-1}\left[1-\frac{1}{Ke}\right]$$

ここで $Z^{-1}[.]$ は標準正規分布の累積密度関数（CDF）の逆関数、E[.] は期待値、V[.] は分散、e はオイラー数、γ はオイラー・マスケローニ定数である。

8.6 実験結果

偽戦略定理は、期待最大シャープレシオの近似値を提供する。この定理の実験的分析は２つの意味で有用である。第一に、実験によって、定理が真ではなく、実際には証明に欠陥がある可能性のエビデンスを見つけることができる。もちろんその逆は真実ではない。実験的証拠は数学的証明の役割にとってかわることはできない。しかし、実験的証拠は証明の問題点を指摘し、証明がどうあるべきかについての理解を深めることができる。第二に、この定理は近似の境界を提供していないため、実験によって近似誤差の分布を推定することができる。

次のようなモンテカルロ実験で、偽戦略定理の正確性を評価する。まず、ある値の組（K,$\mathrm{V}[\{\widehat{\mathrm{SR}}_k\}]$）を所与としてサイズ$SxK$ランダム配列を生成する。ここで$S$はモンテカルロ実験の数である。このランダム配列に含まれる値は、標準正規分布から生成される。第二に、この配列の各行を、平均0と分散$\mathrm{V}[\{\widehat{\mathrm{SR}}_k\}]$に標準化する。第三に、各行の最大値 $\max_k\{\widehat{\mathrm{SR}}_k\}$ を計算し、S個の最大値を得る。第四に、S個の最大値の平均$\hat{\mathrm{E}}[\max_k\{\widehat{\mathrm{SR}}_k\}]$を計算する。第五に、計算された期待最大SRの経験的（モンテカルロ）推定値を、偽戦略定理によって提供される解析解$\mathrm{E}[\max_k\{\widehat{\mathrm{SR}}_k\}]$と比較する。第六に、推定誤差は、予測値に対する相対的な観点から次式のように定義される。

$$\varepsilon = \frac{\hat{\mathrm{E}}[\max_k\{\widehat{\mathrm{SR}}_k\}]}{\mathrm{E}[\max_k\{\widehat{\mathrm{SR}}_k\}]} - 1$$

第七に、ここまでのステップをR回繰り返し、$\{\varepsilon_r\}_{r=1,\dots,R}$の推定誤差を計算し、$K$回の試行の推定誤差の平均と標準偏差を計算する。スニペット8.1は、このモンテカルロ実験をpythonで実装している。

スニペット8.1　偽戦略定理の実験による確認

```
import numpy as np,pandas as pd
from scipy.stats import norm,percentileofscore
#---------------------------------------------------------------
def getExpectedMaxSR(nTrials,meanSR,stdSR):
  #SBuMTで調整した期待最大SR
  emc=0.577215664901532860606512090082402431042159336
  sr0=(1-emc)*norm.ppf(1-1./nTrials)+/
    emc*norm.ppf(1-(nTrials*np.e)**-1)
  sr0=meanSR+stdSR*sr0
  return sr0
```

```
#---------------------------------------------------------------
def getDistMaxSR(nSims,nTrials,stdSR,meanSR):
  #nTrials回の試行、nSims回のモンテカルロシミュレーションによる最大SR
  rng=np.random.RandomState()
  out=pd.DataFrame()
  for nTrials_in nTrials:
    #1)SRのシミュレーション
    sr=pd.DataFrame(rng.randn(nSims,nTrials_))
    sr=sr.sub(sr.mean(axis=1),axis=0) # 中心化
    sr=sr.div(sr.std(axis=1),axis=0) # スケーリング
    sr=meanSR+sr*stdSR
    #2)計算結果の保存
    out_=sr.max(axis=1).to_frame(‘max{SR}’)
    out_[‘nTrials’]=nTrials_
    out=out.append(out_,ignore_index=True)
  return out
#---------------------------------------------------------------
if__name__==‘__main__’:
  nTrials=list(set(np.logspace(1,6,1000).astype(int)));nTrials.
    sort()
  sr0=pd.Series({i:getExpectedMaxSR(i,meanSR=0,stdSR=1)\
    for i in nTrials})
  sr1=getDistMaxSR(nSims=1E3,nTrials=nTrials,meanSR=0,
    stdSR=1)
```

図8.1は、広い範囲の試行回数（グラフでは2から100万の間）について、この実験の結果を視覚化している。$V[\{\widehat{SR}_k\}]=1$と所与の試行回数Kにおいて最大シャープレシオを10,000回シミュレーションし、最大シャープレシオの分布を導出する。y軸は、真のシャープレシオが0の場合の、試行回数K（x軸）ごとの最大シャープレシオ（$\max_k\{\widehat{SR}_k\}$）の分布を示している。

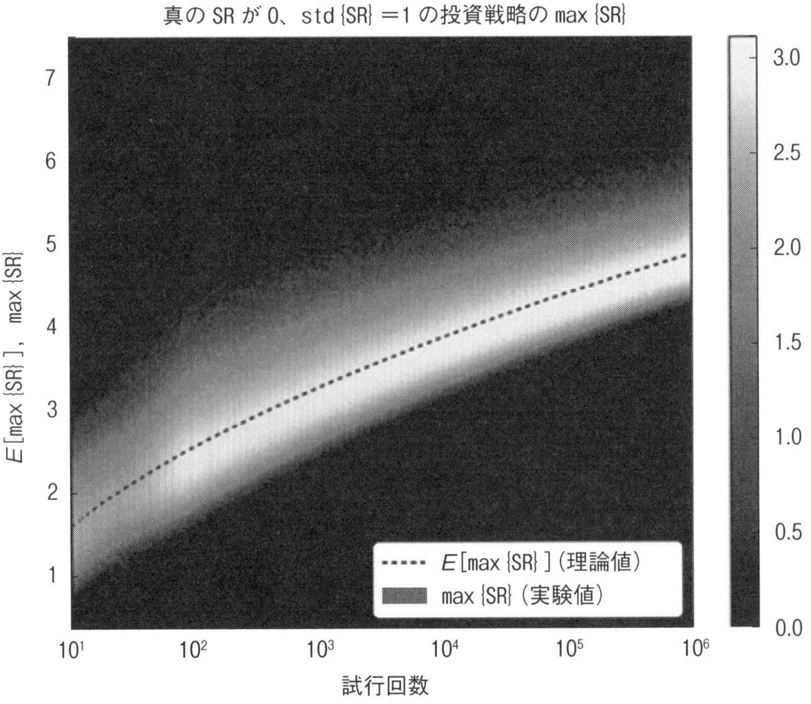

図８．１　偽戦略定理の実験値と理論値の比較

確率が高いと薄い色で表示している。たとえば、1,000回の試行を行うと、投資戦略の真のシャープレシオが０であるにもかかわらず、最大シャープレシオの期待値（$E[\max_k\{\widehat{SR}_k\}]$）は3.26になる。このように、バックテストを実行すればするほど、乗り越えなければならないハードルが高くなっていくのである。この実験結果を、偽戦略定理で予測された結果（破線）と比較することができる。これら２つの結果（実験値と理論値）を比較すると、実験の試行回数の範囲において、偽戦略定理は期待される最大SRを正確に推定しているように思われる。

次に、偽戦略定理の近似の精度を評価しよう。近似誤差を実験的予測（1,000回のシミュレーションに基づく）と定理の予測との差を定理の予測で除したものとして定義する。そして、この推定誤差を試行回数Kごとに100

回再評価し、誤差の平均と標準偏差を導出する。スニペット8.2で、定理の精度を評価するモンテカルロ実験を実装している。

スニペット8.2　予測誤差の平均と標準偏差

```
def getMeanStdError(nSims0,nSims1,nTrials,stdSR=1,meanSR=0):
  #nTrialごとに誤差の標準偏差を計算
  #nTrials: max{SR}を求める際のSRの数
  #nSims0: E[max{SR}]を求める際のmax{SR}の数
  #nSims1: 標準偏差を求める際の誤差の数
  sr0=pd.Series({i:getExpectedMaxSR(i,meanSR,stdSR)\
    for i in nTrials})
  sr0=sr0.to_frame('E[max{SR}]')
  sr0.index.name='nTrials'
  err=pd.DataFrame()
  for i in xrange(int(nSims1)):
    sr1=getDistDSR(nSims=1E3,nTrials=nTrials,meanSR=0,
      stdSR=1)
    sr1=sr1.groupby('nTrials').mean()
    err_=sr0.join(sr1).reset_index()
    err_['err']=err_['max{SR}']/err_['E[max{SR}]']-1.
    err=err.append(err_)
  out={'meanErr':err.groupby('nTrials')['err'].mean()}
  out['stdErr']=err.groupby('nTrials')['err'].std()
  out=pd.DataFrame.from_dict(out,orient='columns')
  return out
#-----------------------------------------------------------------
if__name__=='__main__':
  nTrials=list(set(np.logspace(1,6,1000).astype(int)));nTrials.
    sort()
  stats=getMeanStdError(nSims0=1E3,nSims1=1E2,
```

```
        nTrials=nTrials,stdSR=1)
```

図８．２はこの実験の結果をプロットしたものである。●印は異なる試行回数（x 軸）で計算された予測値に対する平均誤差（y 軸）を表している。結果をみると、偽戦略定理は漸近的に偏りのない推定値を生成するようにみえる。$K\approx 50$付近でのみ、定理の推定値が実験値を約0.7%上回っている。×印は異なる試行回数（x 軸）で得られた誤差の標準偏差（y 軸）を表している。この実験から、標準偏差は定理の予測値の0.5%以下と比較的小さく、試行回数が増えるにつれて小さくなることがわかる。

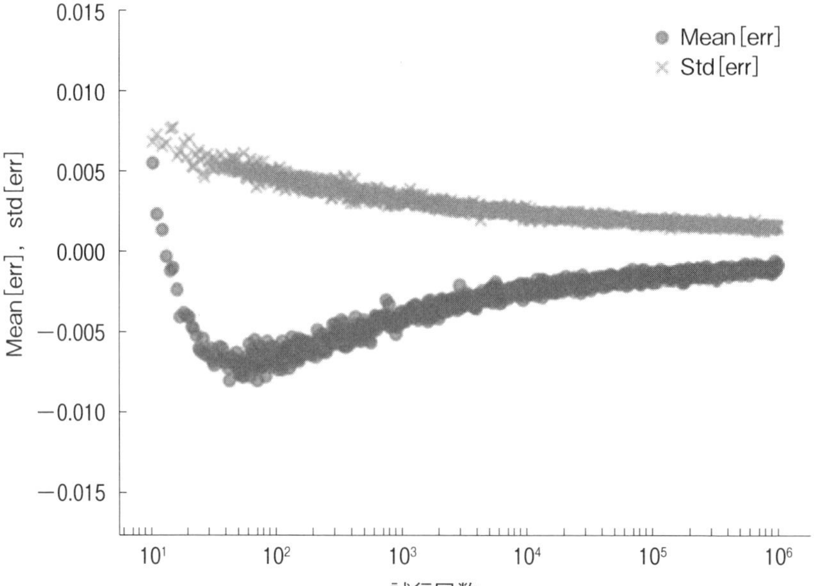

図８．２　試行回数ごとの近似誤差の統計量

8.7　デフレシャープレシオ（Deflated Sharpe Ratio）

偽戦略定理の主要な結論は、$\max_k\{\widehat{SR}_k\} \gg E[\max_k\{\widehat{SR}_k\}]$ でない限り、発

見された投資戦略は偽陽性である可能性が高いというものである。もし $\mathrm{E}[\max_k\{\widehat{\mathrm{SR}}_k\}]$ を計算できるならば、その値を用いて、投資戦略のパフォーマンスが統計的に有意であると結論づけるために棄却されるべき帰無仮説 $H_0 = \mathrm{E}[\max_k\{\widehat{\mathrm{SR}}_k\}]$ を設定することができる。そして、デフレシャープレシオ（Bailey and López de Prado 2014）は、次式のように導出される。

$$\widehat{\mathrm{DSR}} = Z\left[\frac{\left(\widehat{\mathrm{SR}} - \mathrm{E}\left[\max_k\{\widehat{\mathrm{SR}}_k\}\right]\right)\sqrt{T-1}}{\sqrt{1 - \hat{\gamma}_3\widehat{\mathrm{SR}} + \frac{\hat{\gamma}_4 - 1}{4}\widehat{\mathrm{SR}}^2}}\right]$$

$\widehat{\mathrm{DSR}}$は、歪度、尖度、サンプル長、多重テストを調整したうえで、真のシャープレシオがゼロであるという帰無仮説のもとで、$\widehat{\mathrm{SR}}$以上のシャープレシオを観測する確率と解釈できる。$\widehat{\mathrm{DSR}}$の計算には$\mathrm{E}[\max_k\{\widehat{\mathrm{SR}}_k\}]$ を推定する必要があり、そのためにはKと$\mathrm{V}[\{\widehat{\mathrm{SR}}_k\}]$ を推定する必要がある。ここで、次に説明するように、機械学習アルゴリズムが役に立つ。

8.7.1　実効的な試行回数

偽戦略定理は、一連のテスト中の独立試行の数についての知識を必要とする。しかし、金融分野において独立試行は一般的ではない。より典型的な状況は、リサーチャーが異なる投資戦略を試し、各戦略に対して複数の試行が行われるというものである。1つの戦略における試行は、おそらく他の戦略のものよりも互いに高い相関関係をもっている。この関係パターンは、ブロック相関行列として可視化することができる。たとえば、図8.3は、同じ投資ユニバースの6,385件のバックテストリターン系列間の相関行列を、クラスタリング前後でプロットしたものである（この実例の詳細な説明については、López de Prado 2019a を参照されたい）。ONCアルゴリズム（第4章）を適用すると、4つの異なる投資戦略の存在を発見した。したがってこの例では、$\mathrm{E}[K] = 4$ と推定する。これは保守的な推定値である。なぜなら独立した戦略の真の数Kは、低相関の戦略の数よりも小さくなるはずだからである。

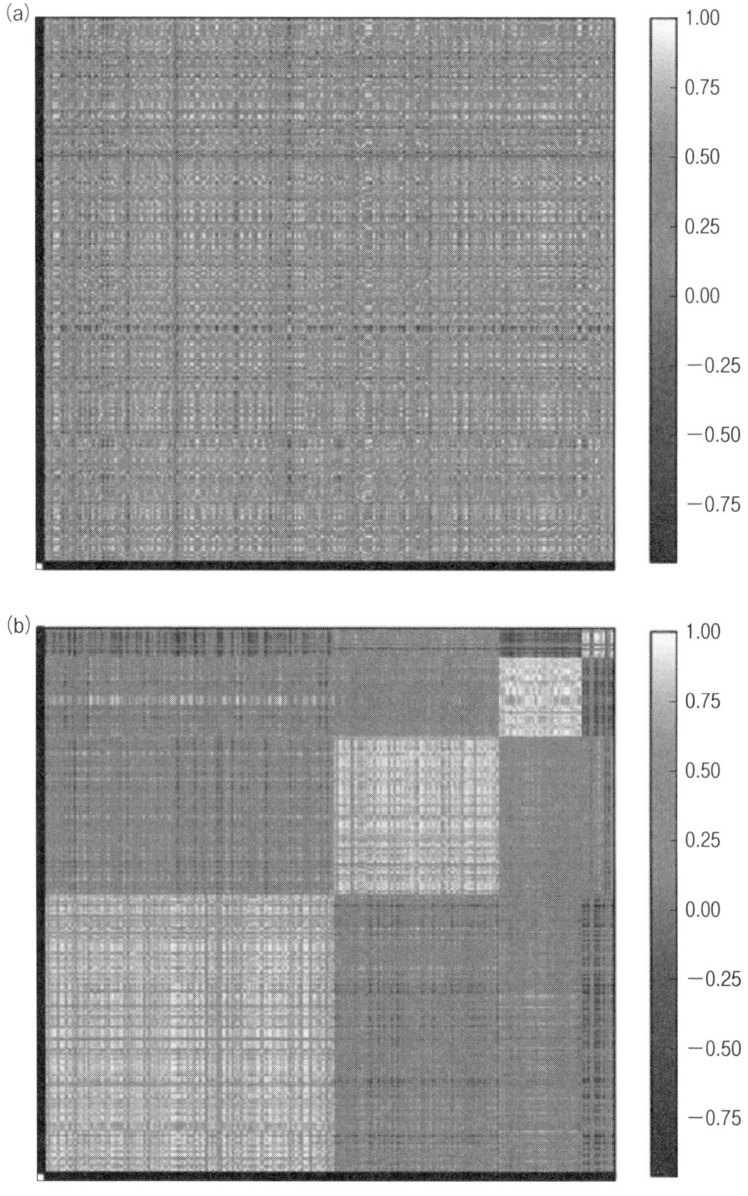

図８．３　6,385回の試行（投資戦略のグループに対する多重テストの典型的な例）のクラスタリング前と後

出典：López de Prado（2019a）

8.7.2　試行間の分散

本節ではLópez de Prado and Lewis（2018）に従う。上記のクラスタリングが完了すると、ONCはN個の戦略を高相関の戦略K個のグループに分割することに成功している。さらに、このクラスタリングを利用して、N個の戦略を$K \ll N$個のクラスターレベルの戦略に減らすことができる。これらの「クラスター戦略」を作成した後、その分散$\mathrm{V}[\{\widehat{\mathrm{SR}}_k\}]$（$k=1,\dots,K$）の推定値を導出する。

あるクラスターkについて、集約クラスター・リターン時系列$S_{k,t}$を生成したい。そのためには集約のための重みづけスキームを選択する必要がある。そのよい候補は最小分散アロケーションであり、それは高分散の試行がクラスターのリターンを支配することを防ぐことができるからである。C_kをクラスターkの戦略の集合、Σ_kをC_kの戦略に限定した共分散行列、$r_{i,t}$を戦略$i \in C_k$のリターン系列、$w_{k,i}$を戦略$i \in C_k$のウェイトとする。集約クラスター・リターン時系列$S_{k,t}$は次式のように計算できる。

$$\{w_{k,i}\}_{i \in C_k} = \frac{\Sigma_k^{-1} 1_k}{1_k{}' \Sigma_k^{-1} 1_k}$$

$$S_{k,t} = \sum_{i \in C_k} w_{k,i} r_{i,t}$$

ここで1_kは全要素が1でサイズ$\|C_k\|$のベクトルである。w_kを計算するロバストな手法はLópez de Prado and Lewis（2018）で紹介されている。クラスター・リターン時系列$S_{k,t}$が計算されたので、そのシャープレシオ（$\widehat{\mathrm{SR}}_k$）を推定する。しかしこれらの$\widehat{\mathrm{SR}}_k$は、ベット頻度が異なる可能性があるため、互いに比較可能ではない。これらを比較可能にするために、まず年率換算する。年間の平均ベット数を以下のように計算する。

$$\text{Years}_k = \frac{\text{Last Date}_k - \text{First Date}_k}{365.25}$$

$$\text{Frequency}_k = \frac{T_k}{\text{Years}_k}$$

ここで、T_kは$S_{k,t}$の長さ、First Date_kとLast Date_kはそれぞれ$S_{k,t}$の最初と最後の取引日付である。これを用いて、年率換算シャープレシオ（annualized Sharpe ratio、aSR）は以下のように推定される。

$$\widehat{\text{aSR}}_k = \frac{\text{E}[\{S_{k,t}\}]\text{Frequency}_k}{\sqrt{\text{V}[\{S_{k,t}\}]\text{Frequency}_k}} = \widehat{\text{SR}}_k\sqrt{\text{Frequency}_k}$$

この比較可能な$\widehat{\text{aSR}}_k$を用いて、クラスター化された試行の分散を次のように推定することができる。

$$\text{E}[\text{V}[\{\widehat{\text{SR}}_k\}]] = \frac{\text{V}[\{\widehat{\text{aSR}}_k\}]}{\text{Frequency}_{k^*}}$$

ここで、Frequency_{k^*}は選択されたクラスターk^*の頻度である。上記の式は、$\widehat{\text{SR}}$の推定値の（年率換算前の）頻度と一致するように、選択された戦略の頻度によってクラスター化された試行の推定分散を表現する。

8.8　ファミリーワイズエラー率

ここまで本章では、偽戦略定理を用いて、投資戦略が偽である確率を導出する方法を説明してきた。本節では、ファミリーワイズエラー率に基づいた別の方法を説明する。

標準的なネイマン・ピアソン仮説検定の枠組みのもとでは、帰無仮説が真であれば確率αでしか起こりえない事象を観察したときに、帰無仮説H_0を確信度（$1-\alpha$）で棄却する。このとき、帰無仮説を誤って棄却する（タイプⅠエラー）確率はαであり、これは偽陽性の確率とも呼ばれている。

Neyman and Pearson（1933）がこの枠組みを提案したとき、彼らは多重テストを実施して最良の結果を選択する可能性を考慮していなかった。8．3節でみたように、あるテストが複数回繰り返されると、偽陽性の確率は増加する。K個の独立したテストの“ファミリー”を実行した後は、H_0を確信度

$(1-\alpha)^K$で棄却する。したがって、"ファミリー"の偽陽性確率（またはファミリーワイズエラー率、FWER）は、$\alpha_K = 1-(1-\alpha)^K$である。これは、陽性のうち少なくとも1つが偽である確率であり、陽性のすべてが真である確率$(1-\alpha)^K$の余事象の確率である。

8.8.1 Šidàkの補正

K個の独立したテストに対するFWERをα_Kに設定したとしよう。すると上記の式から、個々のテストの偽陽性確率は$\alpha = 1-(1-\alpha_K)^{1/K}$と導出される。これは、多重検定のシダックの補正（Šidàk 1967）として知られており、テイラー展開の第1項で$\alpha \approx \alpha_K/K$と近似することもできる（ボンフェローニの近似として知られている）。

先に行ったように、ONCアルゴリズムによってE$[K]$を推定することができる。E$[K]$回の試行は完全に無相関ではないが、これはアルゴリズムがこれ以上削減できない最小クラスター数の保守的な推定値である。この推定値E$[K]$を用いて、シダックの補正を適用し、多重テスト下のタイプIエラー確率α_Kを計算することができる。

8.8.2 多重テスト下のタイプIエラー

サイズTのリターン時系列の投資戦略を考える。シャープレシオ$\widehat{\mathrm{SR}}$を推定し、その推定値を仮説検定（H_0：SR = 0、H_1：SR > 0）にかける。この検定を複数回行った場合の偽陽性の確率を求めたい。

Bailey and López de Prado（2012）は、リターンが定常的でエルゴード的であるという一般的な仮定（IID正規分布である必要はない）のもとで、真のシャープレシオが所与の閾値SR*を超える確率を導出した。真のシャープレシオがSR*に等しい場合、統計量$\hat{z}[\mathrm{SR}^*]$は標準正規分布に漸近的に分布し、

$$\hat{z}[\mathrm{SR}^*] = \frac{\left(\widehat{\mathrm{SR}} - \mathrm{SR}^*\right)\sqrt{T-1}}{\sqrt{1 - \hat{\gamma}_3\widehat{\mathrm{SR}} + \frac{\hat{\gamma}_4 - 1}{4}\widehat{\mathrm{SR}}^2}} \xrightarrow{a} Z$$

となることを示している。ここで$\widehat{\mathrm{SR}}$は推定シャープレシオ（非年率換

算)、Tは観測値の数、$\hat{\gamma}_3$はリターンの歪度、$\hat{\gamma}_4$はリターンの尖度である。ファミリーワイズのタイプＩエラー確率は、

$$\mathrm{P}\left[\max_k \{\hat{z}[0]_k\}_{k=1,\ldots,K} > z_\alpha \middle| H_0\right] = 1 - (1 - \alpha)^K = \alpha_K$$

となる。

あるファミリーワイズエラー率α_Kに対し、シダックの補正によって、単独試行有意水準$\alpha = 1 - (1 - \alpha_K)^{1/K}$が得られる。そして、$\max_k \{\hat{z}[0]_k\}_{k=1,\ldots,K} > z_\alpha$であれば、帰無仮説は確信度（$1 - \alpha_K$）で棄却される。ここで、$z_\alpha$は標準正規分布の右裾の確率が$\alpha$のときの臨界値で$z_\alpha = Z^{-1}[1 - \alpha] = Z^{-1}[(1 - \alpha_K)^{1/K}]$、$Z[.]$は標準正規分布の累積密度関数（CDF）である。

逆に、多重テスト下のタイプＩエラー（α_K）を以下のように導出することができる。第一に、試行の相関行列にクラスタリング手順を適用して、クラスターのリターン系列とE[K]を推定する。第二に、選択されたクラスターのリターンについて$\hat{z}[0] = \max_k \{\hat{z}[0]_k\}_{k=1,\ldots,K}$を推定する。第三に、単一テストのタイプＩエラー$\alpha = 1 - Z[\hat{z}[0]]$を計算する。第四に、多重テストの補正$\alpha_K = 1 - (1 - \alpha)^K$を行い、結果として、

$$\alpha_K = 1 - Z[\hat{z}[0]]^{\mathrm{E}[K]}$$

を得る。

上記の計算を数値例で説明しよう。1,000回の試行を行った後、1,250の日次の観測値（250の年間観測値５年分）で計算されたシャープレシオ0.0791（非年率換算）、歪度－３、尖度10の投資戦略を発見したとしよう。こうしたレベルの歪度と尖度は、日次の頻度でサンプリングされたヘッジファンドのリターンの典型的なものである。これらのインプットから、$\hat{z}[0] \approx 2.4978$と$\alpha \approx 0.0062$が導出される。このタイプＩエラー確率では、ほとんどのリサーチャーは帰無仮説を棄却し、新しい投資戦略を発見したと宣言するであろう。しかし、このαは、戦略を見つけるのに要した試行回数E[K]で補正されていない。そこでONCアルゴリズムを適用し、1,000回の（相関のある）試行のうち、E[K]＝10回の実効的に独立した試行があると結論づけたとする（ここで“実効的に”独立とは、10個のクラスターが厳密に独立しているとは断言しないものの、アルゴリズムがそれ以上の相関のないグループを見

つけることができなかったことを意味する)。そうすると、補正されたFWERは $\alpha_K \approx 0.0608$ となる。年率換算シャープレシオが約1.25であるにもかかわらず、以下2つの理由によって、この戦略が誤発見である確率は比較的高い。(1)試行回数。$E[K]=1$ の場合 $\alpha_K=\alpha \approx 0.0062$ であった。(2)リターンの非正規性。リターンが正規分布する場合 $\alpha_K \approx 0.0261$ であった。予想どおり、リターンの正規性を誤って仮定すると、タイプⅠエラー確率を大幅に過小評価することになる。スニペット8.3は、これらの結果を再現するpythonコードを提供している。

スニペット8.3　タイプⅠエラーの数値例

```
import scipy.stats as ss
#------------------------------------------------------------
def getZStat(sr,t,sr_=0,skew=0,kurt=3):
  z=(sr-sr_)*(t-1)**.5
  z/=(1-skew*sr+(kurt-1)/4.*sr**2)**.5
  return z
#------------------------------------------------------------
def type1Err(z,k=1):
  #偽陽性確率
  alpha=ss.norm.cdf(-z)
  alpha_k=1-(1-alpha)**k # 多重テストの補正
  return alpha_k
#------------------------------------------------------------
def main0():
  #数値例
  t,skew,kurt,k,freq=1250,-3,10,10,250
  sr=1.25/freq**.5;sr_=1./freq**.5
  z=getZStat(sr,t,0,skew,kurt)
  alpha_k=type1Err(z,k=k)
  print alpha_k
```

```
  return
#------------------------------------------------------------
if__name__==‘__main__’:main0()
```

8.8.3　多重テスト下のタイプⅡエラー

最良戦略の対立仮説（H_1：SR＞0）が真であり、SR＝SR*であると仮定しよう。すると、あるファミリーワイズエラー率 α_Kの検定の検出力は、

$$
\begin{aligned}
&\mathrm{P}\left[\max_k \{\hat{z}[0]_k\}_{k=1,\dots,K} > z_\alpha \middle| \mathrm{SR} = \mathrm{SR}^*\right] \\
&= \mathrm{P}\left[\frac{\left(\widehat{\mathrm{SR}} + \mathrm{SR}^* - \mathrm{SR}^*\right)\sqrt{T-1}}{\sqrt{1 - \hat{\gamma}_3\widehat{\mathrm{SR}} + \frac{\hat{\gamma}_4 - 1}{4}\widehat{\mathrm{SR}}^2}} > z_\alpha \middle| \mathrm{SR} = \mathrm{SR}^*\right] \\
&= \mathrm{P}\left[\hat{z}[\mathrm{SR}^*] > z_\alpha - \frac{\mathrm{SR}^*\sqrt{T-1}}{\sqrt{1 - \hat{\gamma}_3\widehat{\mathrm{SR}} + \frac{\hat{\gamma}_4 - 1}{4}\widehat{\mathrm{SR}}^2}} \middle| \mathrm{SR} = \mathrm{SR}^*\right] \\
&= 1 - \mathrm{P}\left[\hat{z}[\mathrm{SR}^*] < z_\alpha - \frac{\mathrm{SR}^*\sqrt{T-1}}{\sqrt{1 - \hat{\gamma}_3\widehat{\mathrm{SR}} + \frac{\hat{\gamma}_4 - 1}{4}\widehat{\mathrm{SR}}^2}} \middle| \mathrm{SR} = \mathrm{SR}^*\right] \\
&= 1 - Z\left[z_\alpha - \frac{\mathrm{SR}^*\sqrt{T-1}}{\sqrt{1 - \hat{\gamma}_3\widehat{\mathrm{SR}} + \frac{\hat{\gamma}_4 - 1}{4}\widehat{\mathrm{SR}}}}\right] = 1 - \beta
\end{aligned}
$$

となる。ここで$z_\alpha = Z^{-1}[(1-\alpha_K)^{1/K}]$。したがって、検定の個々の検出力は、$SR^*$、標本長、歪度とともに増加し、尖度とともに減少する。この確率（$1-\beta$）は、真陽性率（true positive rate）、検出力（power）、または再現率（recall）と呼ばれる。

8.3節では、ファミリーワイズ偽陰性（見逃し）確率を、陽性をすべて偽とする確率として定義した（$\beta_K = \beta^K$）。所与のペア（α_K, β_K）について、ペア（α, β）を導出し、$\mathrm{P}[\max_k \{\hat{z}[0]_k\}_{k=1,\dots,K} > z_\alpha | \mathrm{SR} = \mathrm{SR}^*] = 1-\beta$となるような$SR^*$の値を求めることができる。これを解釈すると、ファミリーワイズエラー率 α_Kにおいて（$1-\beta_K$）以上のファミリーワイズ検出力を達成

するには、真のシャープレシオがSR^*を超えることが必要であるということである。言い換えれば、このインプライドSR*以下のシャープレシオの真の戦略を検出するためには、この検定は十分な検出力をもっていないということである。

多重テスト下のタイプⅡエラー（β_K）は以下の手順で導出できる。最初に、外生的に設定されるか、前節で説明した方法で推定されるFWER α_Kを所与として、単一テストの臨界値z_αを計算する。第二に、シャープレシオSR*をもつ戦略を見逃す（偽とする）確率は$\beta = Z[z_\alpha - \theta]$となり、ここで、

$$\theta = \frac{\mathrm{SR}^*\sqrt{T-1}}{\sqrt{1-\hat{\gamma}_3\widehat{\mathrm{SR}}+\frac{\hat{\gamma}_4-1}{4}\widehat{\mathrm{SR}}^2}}$$

である。第三に、単独の偽陰性確率から、すべての陽性が見逃される確率を$\beta_K = \beta^K$と導出できる。

上記の式を前節の数値例に適用してみよう。前節では、FWERは$\alpha_K \approx 0.0608$、臨界値$z_\alpha \approx 2.4978$と推定した。すると、真のシャープレシオSR*≈0.0632（非年率換算）の戦略を見落とす確率は$\beta \approx 0.6913$、ここで$\theta \approx 1.9982$となる。この単一タイプⅡエラー確率が高いのは理解できるが、それは単一のテストはこのような弱いシグナル（年率換算シャープレシオはわずか1.0）を検出するのに十分に強力ではないからである。しかし、10回の試行を行うと$\beta_K \approx 0.0249$となる。このテストでは、真のシャープレシオSR*≥0.0632の投資戦略の97.5%以上を検出できることになる。スニペット8.4は、これらの結果を再現するpythonコードを提供している（`getZStat`関数と`type1Err`関数についてはスニペット8.3を参照）。

スニペット8.4　タイプⅡエラーの数値例

```
def getTheta(sr,t,sr_=0,skew=0,kurt=3):
  theta=sr_*(t-1)**.5
  theta/=(1-skew*sr+(kurt-1)/4.*sr**2)**.5
  return theta
#-------------------------------------------------------------
```

```
def type2Err(alpha_k,k,theta):
  #偽陰性確率
  z=ss.norm.ppf((1-alpha_k)**(1./k)) # シダックの補正
  beta=ss.norm.cdf(z-theta)
  return beta
#-------------------------------------------------------------
def main0():
  #数値例
  t,skew,kurt,k,freq=1250,-3,10,10,250
  sr=1.25/freq**.5;sr_=1./freq**.5
  z=getZStat(sr,t,0,skew,kurt)
  alpha_k=type1Err(z,k=k)
  theta=getTheta(sr,t,sr_,skew,kurt)
  beta=type2Err(alpha_k,k,theta)
  beta_k=beta**k
  print beta_k
  return
#-------------------------------------------------------------
if__name__==‘__main__’:main0()
```

8.8.4　タイプⅠエラーとタイプⅡエラーの相互作用

図8.4はαとβの相互関係を示している。上の分布はH_0が真であると仮定した場合の$\widehat{SR}$推定値の確率をモデル化したものである。下の分布（表示を容易にするために逆さまにプロットしている）はH_1が真であると仮定した場合の$\widehat{SR}$の推定値の確率をモデル化したものであり、特に$SR^*=1$のシナリオのものである。標本長、歪度、尖度がこれら2つの分布の分散に影響を与える。実際の推定値$\widehat{SR}$が与えられると、これらの変数は確率αとβを決定するが、一方が減少すると他方が増加することを意味する。学術論文の多くは“上”の分布に注目しており、“下”の分布を無視している。

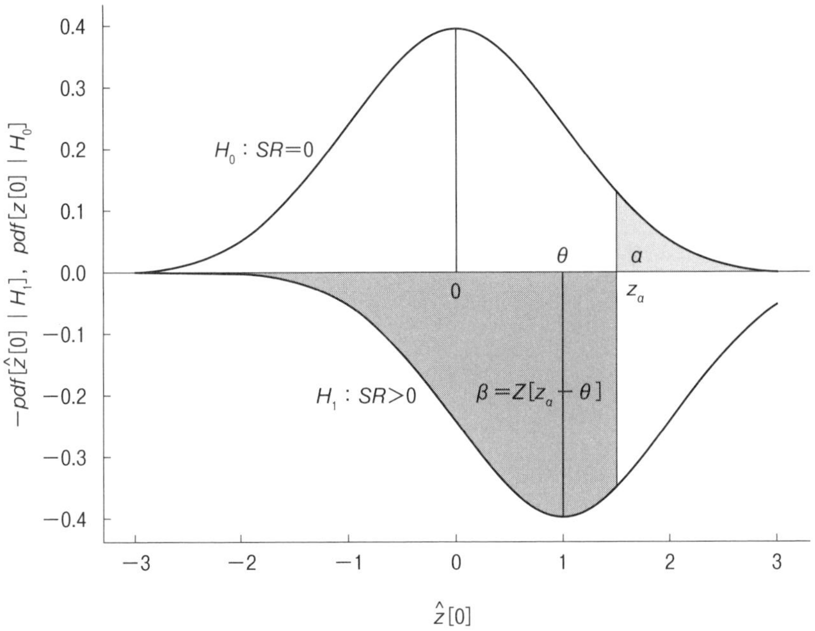

図8.4　αとβの相互関係例

タイプⅡエラーについて導出した解析解は、トレードオフがα_Kとβ_Kの間にも存在することを明らかにしているが、その関係は$K=1$の場合のように単純ではない。図8.5は、α_Kを固定した場合、Kが増加するとαは減少し、z_αは増加し、したがってβは増加することを示している。

図8.6はさまざまなレベルのα_Kに対してKの増加に対するβ_Kの変化をプロットしている。βはKの増加とともに増加するが、全体的な効果としてはβ_Kは減少する。α_Kを固定した場合、Kとθの関数としてβ_Kを決定する式は、

$$\beta_K = \left(Z[Z^{-1}[(1-\alpha_K)^{1/K}]-\theta]\right)^K$$

となる。

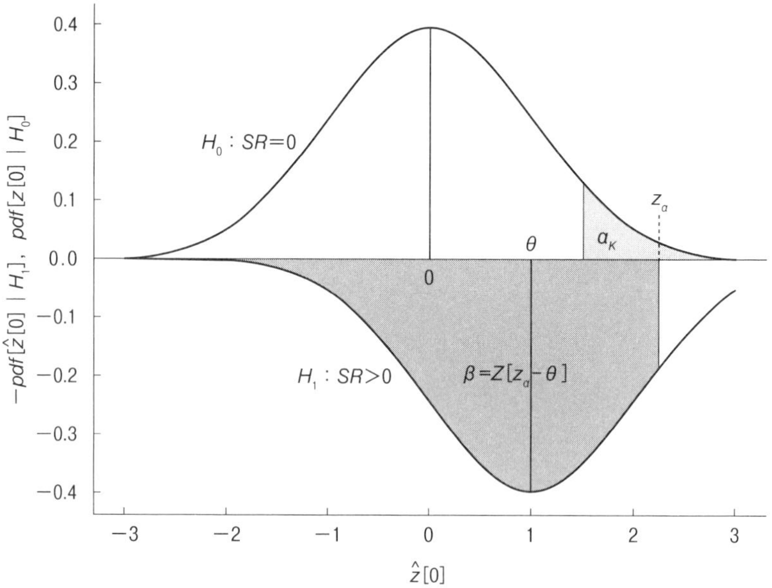

図８．５　α_Kとβの相互作用

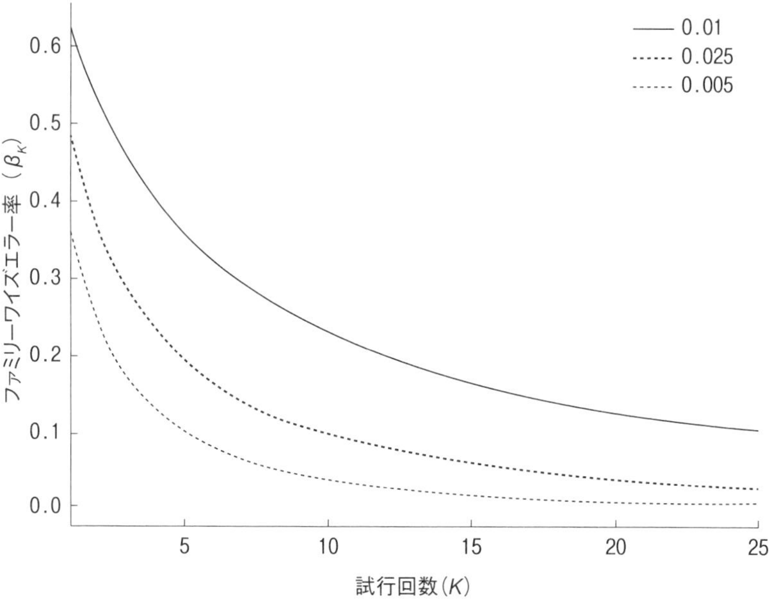

図８．６　Kの増加に対するβ_Kの変化（０≈１.9982、ak∈{０.01，０.025，０.005}）

8.9 結　論

単一テストのもとでの投資戦略のシャープレシオは、戦略のリターンが非正規であっても（定常的でエルゴード的であれば）、ガウス分布に従う。通常リサーチャーは複数回の試行を行うが、そのなかから最もパフォーマンスの高い戦略を選択すると、誤った戦略を選択する確率が高くなる。本章では、発見された投資戦略が、テストデータに対するオーバーフィッティングを理由に無効とされるかどうかを評価する2つの手法を研究した。

最初のアプローチは、偽戦略定理を用いるものである。この定理は、最大シャープレシオ$\mathrm{E}[\max_k\{\widehat{\mathrm{SR}}_k\}]$の期待値を、試行回数$K$と試行間のシャープレシオの分散$\mathrm{V}[\{\widehat{\mathrm{SR}}_k\}]$の関数として導出する。機械学習を用いてこれら2つの変数を推定することができる。この$\mathrm{E}[\max_k\{\widehat{\mathrm{SR}}_k\}]$の推定値をもとに、デフレシャープレシオを用いて、$\max_k\{\widehat{\mathrm{SR}}_k\}$が統計的に有意であるかどうかを検定することができる（Bailey and López de Prado 2014）。

第二のアプローチは、試行回数Kを推定し、シダックの補正を適用して、ファミリーワイズエラー率（FWER）を導出するものである。FWERは、Lo（2002）とMertens（2002）によって提案された分布を用いて、$\max_k\{\widehat{\mathrm{SR}}_k\}$が統計的に有意であるかどうかを検定するための調整された棄却閾値を提供する。こうして得られたファミリーワイズの偽陽性確率（α）と偽陰性確率（β）の解析的推定値を、統計的検定を設計する際に利用することができる。

8.10 練習問題

1　8.2節で述べたアプローチに従って、$\alpha=\beta=0.05$、$K=1$として、$\theta\in[0,1]$の関数としてテストの適合率と再現率をプロットせよ。直観と一致するだろうか？

2　問題1を繰り返し、$K=1,\ldots,25$の関数として曲面をプロットしよう。複数回のテストが適合率と再現率に及ぼす効果はどのようなものか？

3　日次のIID正規リターン5年分がある投資戦略を考えよう。10回のうちの最良の試行は年率換算シャープレシオが2で、年率換算シャープレシオの分散は1であった。

a　期待される最大シャープレシオはいくつか？　ヒント：偽戦略定理を適用する。

b　1回の試行で、2以上の最大シャープレシオを観測する確率はいくらか？　ヒント：これが確率的シャープレシオ（probabilistic Sharpe ratio）である。

c　10回の試行の後、2以上の最大シャープレシオを観測する確率はいくらか？　ヒント：これがデフレシャープレシオ（deflated Sharpe ratio）である。

4　短いルックバック期間の価格移動平均が、より長いルックバック期間の価格移動平均を上回ったときに、S&P 500先物を購入する投資戦略を考えてみよう。

a　以下の要素の異なる組合せで、戦略のリターン時系列を1,000個生成しよう。

i　短いルックバック期間

ii　長いルックバック期間

iii　ストップロス基準

iv　利食い基準

v　最大保有期間

b　1,000回の実験のうち最大のシャープレシオを計算せよ。

c　8.7節で説明した方法で、$E[\max_k\{\widehat{SR}_k\}]$を導出せよ。

d　4(b)以上のシャープレシオを観測する確率を計算せよ。

5　問題4を繰り返し、ファミリーワイズのタイプⅠとタイプⅡエラー率を計算せよ。SR^*は1,000のシャープレシオの中央値とする。

付　　録

付録A：人工データを用いたテスト

人工データを用いることによって、過去数千年分に相当するヒストリカル系列で投資戦略をテストし、特定の観測データへのオーバーフィットを防ぐことが可能になる。一般的に、人工データセットは、リサンプリングとモンテカルロ法の2つのアプローチで生成することができる。図A.1はこれらのアプローチがどのように関連しているかをまとめたものである。

リサンプリングは、観測されたデータセットを繰り返しサンプリングすることで、新しい（観測されていない）データセットを生成する手法である。リサンプリングは、決定論的なものでもランダムなものでもよい。決定論的リサンプリングの例としては、ジャックナイフ（leave-one-out)、交差検証(one-fold-out)、および組合せ交差検証（順列検定、permutation tests）がある。たとえば、ヒストリカル観測値をN個に分割して、そのうちk個を除いたすべてのテストデータを計算することができる。この組合せ交差検証では、$\frac{k}{N}\binom{N}{N-k}$の完全なヒストリカル経路が得られ、単一経路のヒストリカルバックテストよりもオーバーフィットしにくくなる（実装についてはAFML 第12章を参照)。ランダムなリサンプリングの例としては、サブサンプリング（置換なしのランダムサンプリング）とブートストラップ（置換ありのランダムサンプリング）がある。サブサンプリングは必要とする仮定は

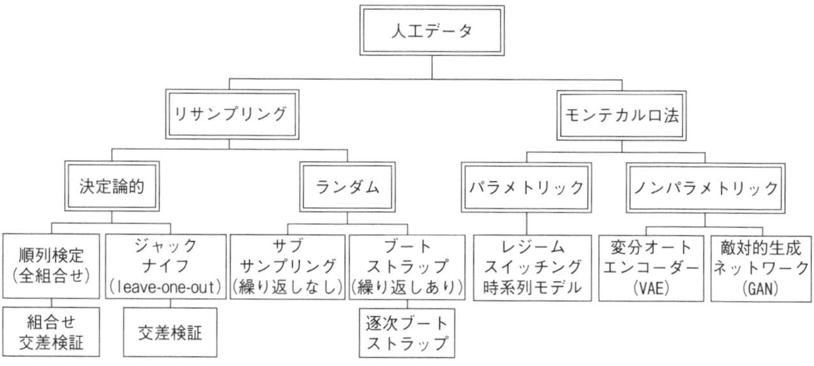

図A.1　人工データの生成

より弱いが、観測データのサイズが限られている場合には非現実的である。ブートストラップは、個々の観測値または観測値のブロックを抽出することにより（したがって観測値の系列依存性を保持しつつ）、観察データと同じくらい大きなサンプルを生成できる。ブートストラップの有効性は、中心極限定理から継承された要件であるランダム標本の独立性に依存する。ランダム抽出を可能な限り独立にするために、逐次ブートストラップは、すでにサンプリングされたものと同様の観測値を抽出する確率をオンラインで調整する（実装についてはAFML 第4章を参照）。

人工データを生成する2番目のアプローチはモンテカルロ法である。モンテカルロは、（ブートストラップのように）観測されたデータからではなく、推定された母集団またはデータ生成過程から新しい（観測されていない）データ集合をランダムにサンプリングする。モンテカルロ実験には、パラメトリックなものとノンパラメトリックなものがある。パラメトリックモンテカルロの例としては、レジームスイッチング時系列モデル（Hamilton 1994）がある。このモデルでは、サンプルは代替プロセス $n=1, \dots, N$から抽出され、時刻tでプロセスnから抽出される確率$p_{t,n}$が、前回の観測が引き出されたプロセスの関数となる（マルコフ連鎖）。期待値最大化アルゴリズムによって、時刻tにおいてあるプロセスから別のプロセスへの推移確率（推移確率行列）を推定することができる。このパラメトリックなアプローチは、研究者が観測されたデータセットの統計的特性を一致させることを可能にし、それはその後、観測されていないデータセットで複製される。パラメトリックモンテカルロの1つの注意点は、データ生成プロセスが代数関数の有限集合によって複製できるよりも複雑かもしれないということである。そのような場合には、変分オートエンコーダー（variational autoencoder、VAE）、自己組織化マップ（self-organizing map、SOM）、または敵対的生成ネットワーク（generative adversarial networks、GAN）のようなノンパラメトリックモンテカルロが有効かもしれない。これらの方法は、ノンパラメトリックで非線形な潜在変数の推定器（非線形PCAに似ている）として理解することができる。オートエンコーダーは、高次元の観測値を低次元空間で表現する方法を学習するニューラルネットワークである。変分オートエンコーダーは、潜在空間を連続的にする追加の特性をもつ。これによりランダム・サンプリングと補間が可能になり、生成モデルとして使用できる。変分オートエンコーダーがデータの基本構造を学習すると、もとのサンプルの統計的特性に似た新しい観測値を、所与のばらつき（よって“variational”という）とともに生成することができる。自己組織化マップはオートエンコーダーとは異なり、（エラー訂正ではなく）競合学習を適用し、入力空間のトポロジカルな特性を保持するために近傍関数を使用する。敵対的生成ネットワークは、2つの競合するニューラルネットワークを訓練する。一方のネットワーク（生成器、Generator）は分布関数からシミュレートされた観測値を生成することを任務とし、他方のネットワーク（識別器、Discriminator）は真の観測データが与えられたときにシミュレートされた観測値が偽である確率を予測することを任務とする。2つのニューラルネットワークは、それらが均衡に収束するまで、互いに競い合う。ノンパラメトリックモンテカルロを訓練するためのもとのサンプルは、データ生成過程の一般的な特性を学習するために十分な代表になっていなければならず、そうでなければパラメトリックモンテカルロを使用すべきである（例としてAFML 第13章を参照）。

付録B：偽戦略定理（False Strategy Theorem）の証明

指数分布に従う独立確率変数の標本の最大値は、漸近的にガンベル分布に収束することが知られている。証明は Embrechts et al.（2003, 138－47）を参照されたい。その特定のケースとして、ガンベル分布は、ガウス分布の最大値吸引領域（maximum domain of attraction）をカバーしており、よっていくつかの独立ガウス確率変数の最大値の期待値を推定するために利用できる。

その手法を以下に示す。独立同分布するガウス分布の確率変数 $y_k \sim \mathcal{N}[0,1], k=1,\dots,K$ の標本を考える。Fisher-Tippet-Gnedenko の定理をガウス分布に適用すると、標本の最大値 $\max_k\{y_k\}$ の近似を次式のように導出できる。

$$\lim_{K\to\infty} \mathrm{prob}\left[\frac{\max_k\{y_k\}-\alpha}{\beta}\leq x\right] = \mathrm{G}[x]$$

ここで$\mathrm{G}[x]=e^{-e^{-x}}$は標準ガンベル分布の累積密度関数（CDF）、$\alpha=Z^{-1}[1-(1-(1/K)]$、$\beta=Z^{-1}[1-(1-(1/K)e^{-1}]-\alpha$、また$Z^{-1}$は標準正規分布の累積密度関数（CDF）の逆関数である。正規化定数（α,β）の導出についてはResnick（1987）およびEmbrechts et al.（2003）を参照されたい。

ガンベル最大値吸引領域の分布からの正規化された最大値の期待値の極限は（Resnick 1987のProposition 2．1（iii）を参照）、次のようになる。

$$\lim_{K\to\infty} \mathrm{E}\left[\frac{\max_k\{y_k\}-\alpha}{\beta}\right] = \gamma$$

ここで$\gamma\approx0.5772$はオイラー・マスケローニ定数である。十分に大きいKの場合、標準正規分布確率変数の標本最大値の平均は、次のように近似することができる。

$$\mathrm{E}[\max_k\{y_k\}] \approx \alpha+\gamma\beta=(1-\gamma)Z^{-1}\left[1-\frac{1}{K}\right]+\gamma Z^{-1}\left[1-\frac{1}{K}e^{-1}\right]$$

ここでK£1である。

ここで、独立同分布のガウス分布$\widehat{\mathrm{SR}}_k\sim\mathcal{N}[0,\mathrm{V}[\{\widehat{\mathrm{SR}}_k\}]]$に従う、パフォーマンス統計量の推定値$\{\widehat{\mathrm{SR}}_k\}, k=1,\ldots,K$の集合を考えてみよう。期待値演算子の線形性を利用して、次の式が導出できる。

$$\mathrm{E}[\max_k\{\widehat{\mathrm{SR}}_k\}]\left(\mathrm{V}[\{\widehat{\mathrm{SR}}_k\}]\right)^{-1/2} \approx (1-\gamma)Z^{-1}\left[1-\frac{1}{K}\right]+\gamma Z^{-1}\left[1-\frac{1}{Ke}\right]$$

証明終わり。

〈参考文献〉

Aggarwal, C., and C. Reddy (2014): *Data Clustering–Algorithms and Applications*. 1st ed. CRC Press.

Ahmed, N., A. Atiya, N. Gayar, and H. El-Shishiny (2010): "An Empirical Comparison of Machine Learning Models for Time Series Forecasting." *Econometric Reviews*, Vol. 29, No. 5–6, pp. 594–621.

Anderson, G., A. Guionnet, and O. Zeitouni (2009): *An Introduction to Random Matrix Theory*. 1st ed. Cambridge Studies in Advanced Mathematics. Cambridge University Press.

Ballings, M., D. van den Poel, N. Hespeels, and R. Gryp (2015): "Evaluating Multiple Classifiers for Stock Price Direction Prediction." *Expert Systems with Applications*, Vol. 42, No. 20, pp. 7046–56.

Bansal, N., A. Blum, and S. Chawla (2004): "Correlation Clustering." *Machine Learning*, Vol. 56, No. 1, pp. 89–113.

Benjamini, Y., and D. Yekutieli (2001): "The Control of the False Discovery Rate in Multiple Testing under Dependency." *Annals of Statistics*, Vol. 29, pp. 1165–88.

Benjamini, Y., and W. Liu (1999): "A Step-Down Multiple Hypotheses Testing Procedure that Controls the False Discovery Rate under Independence." *Journal of Statistical Planning and Inference*, Vol. 82, pp. 163–70.

Benjamini, Y., and Y. Hochberg (1995): "Controlling the False Discovery Rate: A Practical and Powerful Approach to Multiple Testing." *Journal of the Royal Statistical Society*, Series B, Vol. 57, pp. 289–300.

Bontempi, G., S. Taieb, and Y. Le Borgne (2012): "Machine Learning Strategies for Time Series Forecasting." *Lecture Notes in Business Information Processing*, Vol. 138, No. 1, pp. 62–77.

Booth, A., E. Gerding, and F. McGroarty (2014): "Automated Trading with Performance Weighted Random Forests and Seasonality." *Expert Systems with Applications*, Vol. 41, No. 8, pp. 3651–61.

Cao, L., and F. Tay (2001): "Financial Forecasting Using Support Vector Machines." *Neural Computing and Applications*, Vol. 10, No. 2, pp. 184–92.

Cao, L., F. Tay, and F. Hock (2003): "Support Vector Machine with Adaptive

Parameters in Financial Time Series Forecasting." *IEEE Transactions on Neural Networks*, Vol. 14, No. 6, pp. 1506–18.

Cervello-Royo, R., F. Guijarro, and K. Michniuk (2015): "Stockmarket Trading Rule Based on Pattern Recognition and Technical Analysis: Forecasting the DJIA Index with Intraday Data." *Expert Systems with Applications*, Vol. 42, No. 14, pp. 5963–75.

Chang, P., C. Fan, and J. Lin (2011): "Trend Discovery in Financial Time Series Data Using a Case-Based Fuzzy Decision Tree." *Expert Systems with Applications*, Vol. 38, No. 5, pp. 6070–80.

Chen, B., and J. Pearl (2013): "Regression and Causation: A Critical Examination of Six Econometrics Textbooks." *Real-World Economics Review*, Vol. 65, pp. 2–20.

Creamer, G., and Y. Freund (2007): "A Boosting Approach for Automated Trading." *Journal of Trading*, Vol. 2, No. 3, pp. 84–96.

Creamer, G., and Y. Freund (2010): "Automated Trading with Boosting and Expert Weighting." *Quantitative Finance*, Vol. 10, No. 4, pp. 401–20.

Creamer, G., Y. Ren, Y. Sakamoto, and J. Nickerson (2016): "A Textual Analysis Algorithm for the Equity Market: The European Case." *Journal of Investing*, Vol. 25, No. 3, pp. 105–16.

Dixon, M., D. Klabjan, and J. Bang (2017): "Classification-Based Financial Markets Prediction Using Deep Neural Networks." *Algorithmic Finance*, Vol. 6, No. 3, pp. 67–77.

Dunis, C., and M. Williams (2002): "Modelling and Trading the Euro/US Dollar Exchange Rate: Do Neural Network Models Perform Better?" *Journal of Derivatives and Hedge Funds*, Vol. 8, No. 3, pp. 211–39.

Easley, D., and J. Kleinberg (2010): *Networks, Crowds, and Markets: Reasoning about a Highly Connected World*. 1st ed. Cambridge University Press.『ネットワーク・大衆・マーケット—現代社会の複雑な連結性についての推論』、共立出版

Easley, D., M. López de Prado, M. O'Hara, and Z. Zhang (2011): "Microstructure in the Machine Age." Working paper.

Efroymson, M. (1960): "Multiple Regression Analysis." In A. Ralston and H. Wilf (eds.), *Mathematical Methods for Digital Computers*. 1st ed. Wiley.

Einav, L., and J. Levin (2014): "Economics in the Age of Big Data." *Science*, Vol.

346, No. 6210. Available at http://science.sciencemag.org/content/346/6210/1243089

Feuerriegel, S., and H. Prendinger (2016): "News-Based Trading Strategies." *Decision Support Systems*, Vol. 90, pp. 65–74.

Greene, W. (2012): *Econometric Analysis*. 7th ed. Pearson Education.

Harvey, C., and Y. Liu (2015): "Backtesting." *The Journal of Portfolio Management*, Vol. 42, No. 1, pp. 13–28.

Harvey, C., and Y. Liu (2018): "False (and Missed) Discoveries in Financial Economics." Working paper. Available at https://ssrn.com/abstract=3073799

Harvey, C., and Y. Liu (2018): "Lucky Factors." Working paper. Available at https://ssrn.com/abstract=2528780

Hastie, T., R. Tibshirani, and J. Friedman (2016): *The Elements of Statistical Learning: Data Mining, Inference and Prediction*. 2nd ed. Springer.『統計的学習の基礎―データマイニング・推論・予測』、共立出版

Hayashi, F. (2000): *Econometrics*. 1st ed. Princeton University Press.

Holm, S. (1979): "A Simple Sequentially Rejective Multiple Test Procedure." *Scandinavian Journal of Statistics*, Vol. 6, pp. 65–70.

Hsu, S., J. Hsieh, T. Chih, and K. Hsu (2009): "ATwo-Stage Architecture for Stock Price Forecasting by Integrating Self-Organizing Map and Support Vector Regression." *Expert Systems with Applications*, Vol. 36, No. 4, pp. 7947–51.

Huang, W., Y. Nakamori, and S. Wang (2005): "Forecasting Stock Market Movement Direction with Support Vector Machine." *Computers and Operations Research*, Vol. 32, No. 10, pp. 2513–22.

Ioannidis, J. (2005): "Why Most Published Research Findings Are False." *PLoS Medicine*, Vol. 2, No. 8. Available at https://doi.org/10.1371/journal.pmed.0020124

James, G., D. Witten, T. Hastie, and R. Tibshirani (2013): *An Introduction to Statistical Learning*. 1st ed. Springer.

Kahn, R. (2018): *The Future of Investment Management*. 1st ed. CFA Institute Research Foundation.

Kara, Y., M. Boyacioglu, and O. Baykan (2011): "Predicting Direction of Stock Price Index Movement Using Artificial Neural Networks and Support Vector Machines: The Sample of the Istanbul Stock Exchange." *Expert Systems with*

Applications, Vol. 38, No. 5, pp. 5311-19.

Kim, K. (2003): "Financial Time Series Forecasting Using Support Vector Machines." *Neurocomputing*, Vol. 55, No. 1, pp. 307-19.

Kolanovic, M., and R. Krishnamachari (2017): "Big Data and AI Strategies: Machine Learning and Alternative Data Approach to Investing." *J.P. Morgan Quantitative and Derivative Strategy*, May.

Kolm, P., R. Tutuncu, and F. Fabozzi (2010): "60 Years of Portfolio Optimization." *European Journal of Operational Research*, Vol. 234, No. 2, pp. 356-71.

Krauss, C., X. Do, and N. Huck (2017): "Deep Neural Networks, Gradient-Boosted Trees, Random Forests: Statistical Arbitrage on the S&P 500." *European Journal of Operational Research*, Vol. 259, No. 2, pp. 689-702.

Kuan, C., and L. Tung (1995): "Forecasting Exchange Rates Using Feedforward and Recurrent Neural Networks." *Journal of Applied Econometrics*, Vol. 10, No. 4, pp. 347-64.

Kuhn, H. W., and A. W. Tucker (1952): "Nonlinear Programming." In *Proceedings of 2nd Berkeley Symposium*. University of California Press, pp. 481-92.

Laborda, R., and J. Laborda (2017): "Can Tree-Structured Classifiers Add Value to the Investor?" *Finance Research Letters*, Vol. 22, pp. 211-26.

López de Prado, M. (2018): "A Practical Solution to the Multiple-Testing Crisis in Financial Research." *Journal of Financial Data Science*, Vol. 1, No. 1. Available at https://ssrn.com/abstract=3177057

López de Prado, M., and M. Lewis (2018): "Confidence and Power of the Sharpe Ratio under Multiple Testing." Working paper. Available at https:// ssrn.com/abstract=3193697

MacKay, D. (2003): *Information Theory, Inference, and Learning Algorithms*. 1st ed. Cambridge University Press.

Marcenko, V., and L. Pastur (1967): "Distribution of Eigenvalues for Some Sets of Random Matrices." *Matematicheskii Sbornik*, Vol. 72, No. 4, pp. 507-36.

Michaud, R. (1998): *Efficient Asset Allocation: A Practical Guide to Stock Portfolio Optimization and Asset Allocation*. Boston: Harvard Business School Press.

Nakamura, E. (2005): "Inflation Forecasting Using a Neural Network."*Economics Letters*, Vol. 86, No. 3, pp. 373-78.

Olson, D., and C. Mossman (2003): "Neural Network Forecasts of Canadian Stock

Returns Using Accounting Ratios." *International Journal of Forecasting*, Vol. 19, No. 3, pp. 453-65.

Otto, M. (2016): *Chemometrics: Statistics and Computer Application in Analytical Chemistry*. 3rd ed. Wiley.

Patel, J., S. Sha, P. Thakkar, and K. Kotecha (2015): "Predicting Stock and Stock Price Index Movement Using Trend Deterministic Data Preparation and Machine Learning Techniques." *Expert Systems with Applications*, Vol. 42, No. 1, pp. 259-68.

Pearl, J. (2009): "Causal Inference in Statistics: An Overview." *Statistics Surveys*, Vol. 3, pp. 96-146.

Plerou, V., P. Gopikrishnan, B. Rosenow, L. Nunes Amaral, and H. Stanley (1999): "Universal and Nonuniversal Properties of Cross Correlations in Financial Time Series." *Physical Review Letters*, Vol. 83, No. 7, pp. 1471-74.

Porter, K. (2017): "Estimating Statistical Power When Using Multiple Testing Procedures." Available at www.mdrc.org/sites/default/files/PowerMultiplicity- IssueFocus.pdf

Potter, M., J. P. Bouchaud, and L. Laloux (2005): "Financial Applications of Random Matrix Theory: Old Laces and New Pieces." *Acta Physica Polonica B*, Vol. 36, No. 9, pp. 2767-84.

Qin, Q., Q. Wang, J. Li, and S. Shuzhi (2013): "Linear and Nonlinear Trading Models with Gradient Boosted Random Forests and Application to Singapore Stock Market." *Journal of Intelligent Learning Systems and Applications*, Vol. 5, No. 1, pp. 1-10.

Robert, C. (2014): "On the Jeffreys-Lindley Paradox." *Philosophy of Science*, Vol. 81, No. 2, pp. 216-32.

Shafer, G. (1982): "Lindley's Paradox." *Journal of the American Statistical Association*, Vol. 77, No. 378, pp. 325-34.

Simon, H. (1962): "The Architecture of Complexity." *Proceedings of the American Philosophical Society*, Vol. 106, No. 6, pp. 467-82.

SINTEF (2013): "Big Data, for Better or Worse: 90% of World's Data Generated over Last Two Years." *Science Daily*, May 22. Available at www.sciencedaily.com/releases/2013/05/130522085217.htm

Sorensen, E., K. Miller, and C. Ooi (2000): "The Decision Tree Approach to Stock Selection." *Journal of Portfolio Management*, Vol. 27, No. 1, pp. 42-52.

Theofilatos, K., S. Likothanassis, and A. Karathanasopoulos (2012): "Modeling and Trading the EUR/USD Exchange Rate Using Machine Learning Techniques." *Engineering, Technology and Applied Science Research*, Vol. 2, No. 5, pp. 269–72.

Trafalis, T., and H. Ince (2000): "Support Vector Machine for Regression and Applications to Financial Forecasting." *Neural Networks*, Vol. 6, No. 1, pp. 348–53.

Trippi, R., and D. DeSieno (1992): "Trading Equity Index Futures with a Neural Network." *Journal of Portfolio Management*, Vol. 19, No. 1, pp. 27–33.

Tsai, C., and S. Wang (2009): "Stock Price Forecasting by Hybrid Machine Learning Techniques." *Proceedings of the International Multi-Conference of Engineers and Computer Scientists*, Vol. 1, No. 1, pp. 755–60.

Tsai, C., Y. Lin, D. Yen, and Y. Chen (2011): "Predicting Stock Returns by Classifier Ensembles." *Applied Soft Computing*, Vol. 11, No. 2, pp. 2452–59.

Tsay, R. (2013): *Multivariate Time Series Analysis: With R and Financial Applications*. 1st ed. Wiley.

Wang, J., and S. Chan (2006): "Stock Market Trading Rule Discovery Using Two-Layer Bias Decision Tree." *Expert Systems with Applications*, Vol. 30, No. 4, pp. 605–11.

Wang, Q., J. Li, Q. Qin, and S. Ge (2011): "Linear, Adaptive and Nonlinear Trading Models for Singapore Stock Market with Random Forests." In *Proceedings of the 9th IEEE International Conference on Control and Automation*, pp. 726–31.

Wei, P., and N. Wang (2016): "Wikipedia and Stock Return: Wikipedia Usage Pattern Helps to Predict the Individual Stock Movement." In *Proceedings of the 25th International Conference Companion on World Wide Web*, Vol. 1, pp. 591–94.

Wooldridge, J. (2010): *Econometric Analysis of Cross Section and Panel Data*. 2nd ed. MIT Press.

Wright, S. (1921): "Correlation and Causation." *Journal of Agricultural Research*, Vol. 20, pp. 557–85.

Żbikowski, K. (2015): "Using Volume Weighted Support Vector Machines with Walk Forward Testing and Feature Selection for the Purpose of Creating Stock Trading Strategy." *Expert Systems with Applications*, Vol. 42, No. 4, pp.

1797-1805.

Zhang, G., B. Patuwo, and M. Hu (1998): "Forecasting with Artificial Neural Networks: The State of the Art." *International Journal of Forecasting*, Vol. 14, No. 1, pp. 35-62.

Zhu, M., D. Philpotts, and M. Stevenson (2012): "The Benefits of Tree-Based Models for Stock Selection." *Journal of Asset Management*, Vol. 13, No. 6, pp. 437-48.

Zhu, M., D. Philpotts, R. Sparks, and J. Stevenson (2011): "A Hybrid Approach to Combining CART and Logistic Regression for Stock Ranking." *Journal of Portfolio Management*, Vol. 38, No. 1, pp. 100-109.

〈引用文献〉

American Statistical Association (2016): "Statement on Statistical Significance and P-Values." Available at www.amstat.org/asa/files/pdfs/P-Value Statement.pdf

Apley, D. (2016): "Visualizing the Effects of Predictor Variables in Black Box Supervised Learning Models." Available at https://arxiv.org/abs/ 1612.08468

Athey, Susan (2015): "Machine Learning and Causal Inference for Policy Evaluation." In *Proceedings of the 21st ACM SIGKDD International Conference on Knowledge Discovery and Data Mining*, pp. 5–6. ACM.

Bailey, D., and M. López de Prado (2012): "The Sharpe Ratio Efficient Frontier." *Journal of Risk*, Vol. 15, No. 2, pp. 3–44.

Bailey, D., and M. López de Prado (2013): "An Open-Source Implementation of the Critical-Line Algorithm for Portfolio Optimization." *Algorithms*, Vol. 6, No. 1, pp. 169–96. Available at http://ssrn.com/abstract=2197616

Bailey, D., and M. López de Prado (2014): "The Deflated Sharpe Ratio: Correcting for Selection Bias, Backtest Overfitting and Non-Normality." *Journal of Portfolio Management*, Vol. 40, No. 5, pp. 94–107.

Bailey, D., J. Borwein, M. López de Prado, and J. Zhu (2014): "Pseudo-mathematics and Financial Charlatanism: The Effects of Backtest Overfitting on Out-of-Sample Performance." *Notices of the American Mathematical Society*, Vol. 61, No. 5, pp. 458–71. Available at http://ssrn.com/abstract=2308659

Black, F., and R. Litterman (1991): "Asset Allocation Combining Investor Views with Market Equilibrium." *Journal of Fixed Income*, Vol. 1, No. 2, pp. 7–18.

Black, F., and R. Litterman (1992): "Global Portfolio Optimization." *Financial Analysts Journal*, Vol. 48, No. 5, pp. 28–43.

Breiman, L. (2001): "Random Forests." *Machine Learning*, Vol. 45, No. 1, pp. 5–32.

Brian, E., and M. Jaisson (2007): "Physico-theology and Mathematics (1710–1794)." In *The Descent of Human Sex Ratio at Birth*. Springer Science & Business Media, pp. 1–25.

Brooks, C., and H. Kat (2002): "The Statistical Properties of Hedge Fund Index Returns and Their Implications for Investors." *Journal of Alternative*

Investments, Vol. 5, No. 2, pp. 26–44.
Cavallo, A., and R. Rigobon (2016): "The Billion Prices Project: Using Online Prices for Measurement and Research." NBER Working Paper 22111, March.
CFTC (2010): "Findings Regarding the Market Events of May 6, 2010." *Report of the Staffs of the CFTC and SEC to the Joint Advisory Committee on Emerging Regulatory Issues*, September 30.
Christie, S. (2005): "Is the Sharpe Ratio Useful in Asset Allocation?" MAFC Research Paper 31. Applied Finance Centre, Macquarie University.
Clarke, Kevin A. (2005): "The Phantom Menace: Omitted Variable Bias in Econometric Research." *Conflict Management and Peace Science*, Vol. 22, No. 1, pp. 341–52.
Clarke, R., H. De Silva, and S. Thorley (2002): "Portfolio Constraints and the Fundamental Law of Active Management." *Financial Analysts Journal*, Vol. 58, pp. 48–66.
Cohen, L., and A. Frazzini (2008): "Economic Links and Predictable Returns."*Journal of Finance*, Vol. 63, No. 4, pp. 1977–2011.
De Miguel, V., L. Garlappi, and R. Uppal (2009): "Optimal versus Naive Diversification: How Inefficient Is the 1/N Portfolio Strategy?" *Review of Financial Studies*, Vol. 22, pp. 1915–53.
Ding, C., and X. He (2004): "K-Means Clustering via Principal Component Analysis." In *Proceedings of the 21st International Conference on Machine Learning*. Available at http://ranger.uta.edu/~chqding/papers/KmeansPCA1.pdf
Easley, D., M. López de Prado, and M. O'Hara (2011a): "Flow Toxicity and Liquidity in a High-Frequency World." *Review of Financial Studies*, Vol. 25, No. 5, pp. 1457–93.
Easley, D., M. López de Prado, and M. O'Hara (2011b): "The Microstructure of the 'Flash Crash': Flow Toxicity, Liquidity Crashes and the Probability of Informed Trading." *Journal of Portfolio Management*, Vol. 37, No. 2, pp. 118–28.
Efron, B., and T. Hastie (2016): *Computer Age Statistical Inference: Algorithms, Evidence, and Data Science*. 1st ed. Cambridge University Press.『大規模計算時代の統計推論：原理と発展』、共立出版
Embrechts, P., C. Klueppelberg, and T. Mikosch (2003): *Modelling Extremal*

Events. 1st ed. Springer.

Goutte, C., P. Toft, E. Rostrup, F. Nielsen, and L. Hansen (1999): “On Clustering fMRI Time Series.” *NeuroImage*, Vol. 9, No. 3, pp. 298-310.

Grinold, R., and R. Kahn (1999): *Active Portfolio Management*. 2nd ed. McGraw-Hill.『アクティブ・ポートフォリオ・マネジメント—運用戦略の計量的理論と実践』、東洋経済新報社

Gryak, J., R. Haralick, and D. Kahrobaei (Forthcoming): “Solving the Conjugacy Decision Problem via Machine Learning.” *Experimental Mathematics*. Available at https://doi.org/10.1080/10586458.2018.1434704

Hacine-Gharbi, A., and P. Ravier (2018): “A Binning Formula of Bi-histogram for Joint Entropy Estimation Using Mean Square Error Minimization.”*Pattern Recognition Letters*, Vol. 101, pp. 21-28.

Hacine-Gharbi, A., P. Ravier, R. Harba, and T. Mohamadi (2012): “Low Bias Histogram-Based Estimation of Mutual Information for Feature Selection.” *Pattern Recognition Letters*, Vol. 33, pp. 1302-8.

Hamilton, J. (1994): *Time Series Analysis*. 1st ed. Princeton University Press.『時系列解析〈上・下〉』、シーエーピー出版

Harvey, C., Y. Liu, and C. Zhu (2016): “... and the Cross-Section of Expected Returns.” *Review of Financial Studies*, Vol. 29, No. 1, pp. 5-68. Available at https://ssrn.com/abstract=2249314

Hodge, V., and J. Austin (2004): “A Survey of Outlier Detection Methodologies.” *Artificial Intelligence Review*, Vol. 22, No. 2, pp. 85-126.

IDC (2014): “The Digital Universe of Opportunities: Rich Data and the Increasing Value of the Internet of Things.” *EMC Digital Universe with Research and Analysis*. April. Available at www.emc.com/leadership/digi tal-universe/2014iview/index.htm

Ingersoll, J., M. Spiegel, W. Goetzmann, and I. Welch (2007): “Portfolio Performance Manipulation and Manipulation-Proof Performance Measures.” *The Review of Financial Studies*, Vol. 20, No. 5, pp. 1504-46.

Jaynes, E. (2003): *Probability Theory: The Logic of Science*. 1st ed. Cambridge University Press.

Jolliffe, I. (2002): *Principal Component Analysis*. 2nd ed. Springer.

Kraskov, A., H. Stoegbauer, and P. Grassberger (2008): “Estimating Mutual Information.” Working paper. Available at https://arxiv.org/abs/cond-mat/

0305641v1

Laloux, L., P. Cizeau, J. P. Bouchaud, and M. Potters (2000): "Random Matrix Theory and Financial Correlations." *International Journal of Theoretical and Applied Finance*, Vol. 3, No. 3, pp. 391–97.

Ledoit, O., and M. Wolf (2004): "A Well-Conditioned Estimator for Large-Dimensional Covariance Matrices." *Journal of Multivariate Analysis*, Vol. 88, No. 2, pp. 365–411.

Lewandowski, D., D. Kurowicka, and H. Joe (2009): "Generating Random Correlation Matrices Based on Vines and Extended Onion Method." *Journal of Multivariate Analysis*, Vol. 100, pp. 1989–2001.

Liu, Y. (2004): "A Comparative Study on Feature Selection Methods for Drug Discovery." *Journal of Chemical Information and Modeling*, Vol. 44, No. 5, pp. 1823–28. Available at https://pubs.acs.org/doi/abs/10.1021/ci049875d

Lo, A. (2002): "The Statistics of Sharpe Ratios." *Financial Analysts Journal*, July, pp. 36–52.

Lochner, M., J. McEwen, H. Peiris, O. Lahav, and M. Winter (2016): "Photometric Supernova Classification with Machine Learning." *The Astrophysical Journal*, Vol. 225, No. 2. Available at http://iopscience.iop.org/article/10.3847/0067-0049/225/2/31/meta

López de Prado, M. (2016): "Building Diversified Portfolios that Outperform Out-of-Sample." *Journal of Portfolio Management*, Vol. 42, No. 4, pp. 59–69.

López de Prado, M. (2018a): *Advances in Financial Machine Learning*. 1st ed. Wiley.『ファイナンス機械学習―金融市場分析を変える機械学習アルゴリズムの理論と実践』、金融財政事情研究会

López de Prado, M. (2018b): "The 10 Reasons Most Machine Learning Funds Fail." *The Journal of Portfolio Management*, Vol. 44, No. 6, pp. 120–33.

López de Prado, M. (2019a): "A Data Science Solution to the Multiple-Testing Crisis in Financial Research." *Journal of Financial Data Science*, Vol. 1, No. 1, pp. 99–110.

López de Prado, M. (2019b): "Beyond Econometrics: A Roadmap towards Financial Machine Learning." Working paper. Available at https://ssrn.com/abstract=3365282

López de Prado, M. (2019c): "Ten Applications of Financial Machine Learning." Working paper. Available at https://ssrn.com/abstract=3365271

López de Prado, M., and M. Lewis (2018): "Detection of False Investment Strategies Using Unsupervised Learning Methods." Working paper. Available at https://ssrn.com/abstract=3167017

Louppe, G., L. Wehenkel, A. Sutera, and P. Geurts (2013): "Understanding Variable Importances in Forests of Randomized Trees." In *Proceedings of the 26th International Conference on Neural Information Processing Systems*, pp. 431–39.

Markowitz, H. (1952): "Portfolio Selection." *Journal of Finance*, Vol. 7, pp. 77–91.

Meila, M. (2007): "Comparing Clusterings – an Information Based Distance." *Journal of Multivariate Analysis*, Vol. 98, pp. 873–95.

Mertens, E. (2002): "Variance of the IID estimator in Lo (2002)." Working paper, University of Basel.

Molnar, C. (2019): "Interpretable Machine Learning: A Guide for Making Black-Box Models Explainable." Available at https://christophm.github.io/interpretable-ml-book/

Mullainathan, S., and J. Spiess (2017): "Machine Learning: An Applied Econometric Approach." *Journal of Economic Perspectives*, Vol. 31, No. 2, pp. 87–106.

Neyman, J., and E. Pearson (1933): "IX. On the Problem of the Most Efficient Tests of Statistical Hypotheses." *Philosophical Transactions of the Royal Society, Series A*, Vol. 231, No. 694–706, pp. 289–337.

Opdyke, J. (2007): "Comparing Sharpe Ratios: So Where Are the p-Values?"*Journal of Asset Management*, Vol. 8, No. 5, pp. 308–36.

Parzen, E. (1962): "On Estimation of a Probability Density Function and Mode." *The Annals of Mathematical Statistics*, Vol. 33, No. 3, pp. 1065–76.

Resnick, S. (1987): *Extreme Values, Regular Variation and Point Processes*. 1st ed. Springer.

Romer, P. (2016): "The Trouble with Macroeconomics." *The American Economist*, September 14.

Rosenblatt, M. (1956): "Remarks on Some Nonparametric Estimates of a Density Function." *The Annals of Mathematical Statistics*, Vol. 27, No. 3, pp. 832–37.

Rousseeuw, P. (1987): "Silhouettes: A Graphical Aid to the Interpretation and Validation of Cluster Analysis." *Computational and Applied Mathematics*, Vol. 20, pp. 53–65.

Schlecht, J., M. Kaplan, K. Barnard, T. Karafet, M. Hammer, and N. Merchant (2008): "Machine-Learning Approaches for Classifying Haplogroup from Y Chromosome STR Data." *PLOS Computational Biology*, Vol. 4, No. 6. Available at https://doi.org/10.1371/journal.pcbi.1000093

Sharpe, W. (1966): "Mutual Fund Performance." *Journal of Business*, Vol. 39, No. 1, pp. 119–38.

Sharpe, W. (1975): "Adjusting for Risk in Portfolio Performance Measurement." *Journal of Portfolio Management*, Vol. 1, No. 2, pp. 29–34.

Sharpe, W. (1994): "The Sharpe Ratio." *Journal of Portfolio Management*, Vol.21, No. 1, pp. 49–58.

Šidàk, Z. (1967): "Rectangular Confidence Regions for the Means of Multivariate Normal Distributions." *Journal of the American Statistical Association*, Vol. 62, No. 318, pp. 626–33.

Solow, R. (2010): "Building a Science of Economics for the Real World." Prepared statement of Robert Solow, Professor Emeritus, MIT, to the House Committee on Science and Technology, Subcommittee on Investigations and Oversight, July 20.

Steinbach, M., E. Levent, and V. Kumar (2004): "The Challenges of Clustering High Dimensional Data." In L. Wille (ed.), *New Directions in Statistical Physics*. 1st ed. Springer, pp. 273–309.

Štrumbelj, E., and I. Kononenko (2014): "Explaining Prediction Models and Individual Predictions with Feature Contributions." *Knowledge and Information Systems*, Vol. 41, No. 3, pp. 647–65.

Varian, H. (2014): "Big Data: New Tricks for Econometrics." *Journal of Economic Perspectives*, Vol. 28, No. 2, pp. 3–28.

Wasserstein, R., A. Schirm, and N. Lazar (2019): "Moving to a World beyond p<0.05." *The American Statistician*, Vol. 73, No. 1, pp. 1–19.

Wasserstein, R., and N. Lazar (2016): "The ASA's Statement on p-Values: Context, Process, and Purpose." *The American Statistician*, Vol. 70, pp. 129–33.

Witten, D., A. Shojaie, and F. Zhang (2013): "The Cluster Elastic Net for High-Dimensional Regression with Unknown Variable Grouping." *Technometrics*, Vol. 56, No. 1, pp. 112–22.

アセットマネージャーのための
ファイナンス機械学習

2020年12月10日　第1刷発行

著　者　マルコス・ロペス・デ・プラド
訳　者　鹿子木　亨紀
発行者　加藤　一浩

〒160-8520　東京都新宿区南元町19
発　行　所　一般社団法人 金融財政事情研究会
企画・制作・販売　株式会社 き ん ざ い
出 版 部　TEL 03(3355)2251　FAX 03(3357)7416
販売受付　TEL 03(3358)2891　FAX 03(3358)0037
URL https://www.kinzai.jp/

校正：株式会社友人社／印刷：三松堂株式会社

ISBN978-4-322-13580-0